한국대표서정산문선 1

2019

한국대표서정산문선1 2019

초판 1쇄 인쇄일 | 2018년 12월 21일
초판 1쇄 발행일 | 2018년 12월 28일

저 자 | 김우종 외 10인 공저
펴 낸 이 | 차영미

편 집 | 디자인그룹 여우비
펴 낸 곳 | 도서출판 서정문학

주 소 | 서울시 성안로31다길 8, 101호
전 화 | 02-720-3266 FAX | 02-6442-7202
홈페이지 | http://cafe.daum.net/seojungmunhak.com
이 메 일 | sjmh11@hanmail.net
등 록 | 2008. 3. 10 제324-2014-000060호

ISBN 978-89-94807-76-8
ISBN 978-89-94807-75-1(세트)
정가 10,000원

국립중앙도서관 출판예정도서목록(CIP)

한국대표서정산문선. 1 / 김우종, 박세련, 박영환, 소재수, 안옥희, 유제범, 윤송석, 이종수, 홍만희, 박응보, 장진원 공저. -- 서울 : 서정문학, 2018
p. ; cm

ISBN 978-89-94807-76-8 04810 : ₩10000
ISBN 978-89-94807-75-1 (세트) 04810

한국 현대 수필[韓國現代隨筆]

814.7-KDC6
895.745-DDC23 CIP2018041915

한국대표서정산문선 1

2019

김우종 외 10인 공저

서정문학

CONTENTS

한국대표초대수필선

한국대표서정수필선(가나다순)

한국대표서정소설선(가나다순)

한국대표초대수필선

김우종

교수들을 만나면 서로 어색한 악수만 하고 헤어졌다.

나는 살기 위해 일을 시작했다. 열심히 원고를 쓰는 일이다. 그래서 출옥 1년 만에 낸 것이 에세이집 『그래도 살고픈 인생』이다. 그런데 곧 긴급 조치 4호 위반으로 출판 배포 판매금지 조치를 당했다. 다음에는 현실 비판이 없는 고전 비평 쪽의 평론집 가본假本을 만들어 문공부에 냈지만 심의 자체를 거부당했다.

할 수 없이 대학 교문 앞에서 좌판을 벌여 놓고 땅콩 장사라도 하려다가 그만두고 그림에 매달리기 시작했다. 이것은 교수직도 문필업도 막힌 막다른 길에서 어쩔 수 없이 강요당한 생존 수단이었다. 그림을 팔아서 쌀도 사고 연탄도 사고 애들 학비 마련도 했다. 그러다가 나는 그림을 본격적인 업으로 삼으며 미술 협회에도 가입해 어릴 적에 가려던 길로 되돌아간 것이다.

나는 강남의 상도동 약수터로 이사했다. 문밖에서 제자나 동료 교수들을 만나지 않아서 좋았다. 찬바람에 실려서 뒷산으로부터 낙엽들이 우수수 날아오면 마당의 베짱이들도 모두 어디론가 사라져 버리고 곧 겨울이 온다.

나는 꽃나무들을 짚으로 싸다가 어린 딸을 불렀다.

"나리야, 빨리 나와, 이것 좀 봐라."

"아빠, 그게 뭐야?"

"번데기야."

"어머, 징그러워."

"그래, 못생겼지. 애벌레는 얼마쯤 자라고 나면 저렇게 이상한 껍질 속에 자신을 가두고 긴긴 겨울을 나게 되는 거야. 답답하고 춥고 어두운 세상이지, 그렇지만 봄이 오면 번데기는 나비가 되어 훨훨 날 수 있는 거야."

"어머 멋있어, 그게 정말이야?"

"그럼, 나도 옛날에 이런 번데기를 잡아다가 곽 속에 담아두었더니 나비가 되었단다. 사람도 마찬가지야. 벌레들처럼 일생에 몇 번은 탈바꿈을 하지. 그렇지만 그냥 바뀌는 건 아무 뜻도 없어. 애벌레가 하늘을 나는 나비가 되듯이 새 생명으로 탈바꿈을 해야지. 긴긴 겨울의 외로움을 참아 내고 말이야."

"아빠, 우리도 이 번데기 상자 속에 넣어 두자."

"아니, 그건 좋지 않아. 나비가 된들 상자 속에 갇혀 있으면 어찌 날 수 있겠니? 날개는 날기 위해 달려 있어. 그러니까 날 자유가 없는 나비는 살아남을 이유가 없어지지. 날개 있는 것한테 날 자유가 없는 슬픔은 애초부터 날개 없이 날지 못하는 슬픔과는 전혀 달라. 아주 비참한 거야. 네가 크면 무슨 뜻인지 더 잘 알게 될 거야."

우리는 번데기를 그 자리에 두고 어서 긴긴 겨울이 가기를 기다리기로 했다. 봄이 와서 번데기가 나비가 되어 멋지게 하늘을 나는 모습을 보자고. 그러나 내가 날 수 있는 봄은 언제 올지 약속할 수 고 없었고 내가 기다리는 봄이 따로 있다는 것을 어린것에게 말할 수도 없었다.

일본의 아름다운 윤동주 시비들

우지가와 시비와 다고기치로

일본 교토에 가까운 우지가와宇治川의 신학고바시新白虹橋 기슭에서 윤동주 시비 제막식이 지난 2017년 10월에 있었다고 알려졌다. 12년 동안의 기다림 끝에 당국의 허락이 떨어져 세우게 된 것이다.

시비는 일찍이 만들어져 있었다. 그의 〈새로운 길〉(1938년)이 일본산 검은 돌에 일어로 새겨지고 한국산 화강암에다 우리말로 적은 대칭적 병립형태 시비다. 아래층 받침돌에는 '기억과 화해의 비' 라는 글귀가 새겨져 있다. 생전에 마지막으로 일본인 급우들(도시샤대학 영어영문학과)과 함께 그곳 냇가로 소풍 가서 찍은 사진 속의 그가 다시 그렇게 그 자리에 시비로 태어나고 있는 것이다.

이것은 그냥 시비가 아니다. 일본의 윤동주 시비는 평화 운동이며 우리에게는 가해자 쪽이 내미는 화해와 우정의 몸짓이다.

이 시비는 '창작산맥'에 1년간 윤동주 연구논문을 연재하고 2017년 초에 윤동주 특별상을 받으려고 멀리 영국에서 날아왔던 다고기치로多胡吉郞의 공로를 되새기게 해 준다. 1994년에 그가 기타지마 여학생 집에서 이 사진을 찾아내지 않았다면 시비를 그곳에 세워야 할 특별한 이유가 없기 때문이다.

도시샤대同志社大시비와 나

일본에 처음으로 윤동주 시비가 세워진 것은 1995년 2월 16일이다. 도시샤 대학에서는 이날 오전에 제막식을 갖고 오후에는 내가 50명 인솔자가 되었던 한국대학신문 주최 문학심포지엄이 있었다. 형식적으로는 한국문학평론가협회 이름을 달았다. 내가 이 단체의 회장이었기 때문이다. 빗방울이 조금씩 떨어지기도 하는 날인데 윤동주의 시를 낭독할 때는 울먹이는 사람들도 있었다.

도시샤대학의 시비도 우지가와 시비처럼 좌우 대칭 형태로 나뉘어져 한글과 일문으로 〈서시〉를 적은 것이다.

일본에 윤동주의 시비가 세워진다는 것은 결코 쉬운 일이 아님을 나는 이때 통감했다.

1994년 가을에 나는 교토의 어느 식당에서 코리아구락부 (클럽) 사람들을 만났었다. 도시샤 대학에 윤동주 시비를 세우고 싶은데 함께 하자고 부탁한 것이다. 그들은 모두 이 대학 출신이었다.

그들은 흔쾌히 동의해주며 대학 당국 사람들을 만났지만 실패하게 되었다는 연락이 왔다. 메이지유신明治維新 직전에 니지마新島 청년이 미국에 가서 신문명을 배우고 돌아와 세운 작은 학원이 도시샤대학이 된 것이므로 이 대학을 빛낸 많은 공로자들이 있다. 그런데 그들을 기리는 기념물이 하나도 없거늘 어떻게 윤동주 시비를 세울 수 있겠느냐는 것이 대학 측 설명이었다고 한다.

이 말을 들었지만 나는 단념하지 않고 다른 방법을 찾았다. 교토는 윤동주의 발자국이 많이 남겨진 곳이니까 대학으로 가는 길가 어디엔가 살고 있을지도 모를 교포를 찾아서 그 집 마당에 세우자고 제의했다.

남의 집 담장을 헐고 세우다니 좀 황당한 착상이었는데 뜻밖에도 이것이 성사되기 시작했다. 일본에서 옥사한 조국의 국민적 시인을 마당에 모시는 것이 얼마나 뜻깊은 일인지를 그 교포는 알고 있었던 것이다.

그런데 며칠 뒤에 이것은 취소하게 되었다. 도시샤대학이 스스로 세우게 되었다는 것이다. 지금도 우리가 시비를 보러 가면 교문에서 윤동주 시비에 관한 인쇄물을 나눠주며 친절히 안내하는 직원이 있다. 그 안내문에는 시비를 대학이 스스로 세웠다는 설명이 적혀 있다.

내 손녀는 고2 때 수학여행으로 그곳에 다녀왔다. 교토의 관광 코스가 되어 많은 사람들이 찾아가게 되었으니 감개무량하다. 내가 시비건립의 동기를 만들어 주는데 조금은 기여한 것이 사실이지만 대학 스스로 세우게 되었으니 기쁜 일이다. 윤동주를 죽인 가해자 측이 먼저 나서서 사과하고 화해를 청하는 모습이니 어찌 기쁘지 않으랴.

이것이 일본에 세워진 최초의 윤동주 시비이며 두 번째는 그가 하숙하던 다케다武田아파트 부지에 세워진 것이고 세 번째가 우지가와의 시비다.

사랑과 평화의 시비

〈기억과 화해의 비碑〉라는 이름은 사랑과 평화에 대한 열망을 나타낸다.

다고기치로는 윤동주 옥사 50주년이 되던 1995년에 NHK와 KBS가 합작으로 윤동주 다큐멘터리를 제작할 때 NHK PD로서 50년이 넘은 옛날로 돌아가서 그의 발자취를 더듬은 사람이다. 이때 여학생 기타지마北島萬里子한테서 발견한 것이 우지가와의 출렁다리에서 동급생들과 찍은 사진이다. 이 사진 속 우지가와 출렁다리가 있는 곳에 시비를 세우려고 12년 동안 애써 온 것은 이 사진의 특별한 의미 때문이다.

① 1943년 여름 방학을 앞두고 도시샤대학 영문과 동급생들은 그가 고향에 간다는 말을 듣고 석별의 정을 나누기 위해서 우지가와로 소풍을 갔었다. 그런데 다른 사진들에선 항상 끝줄 구석 자리만 좋아하던 윤동주가 이 사진에서는 맨 가운데 서고 더구나 바로 곁에 여학생 모리다森田하루와 기타지마가 붙어 있다. 이것은 분명히 조선인 학생 윤동주를 일본인 학생들이 기쁘게 해주기 위한 특별한 배려가 있었기 때문이다. 그리고 한 달쯤 뒤가 되는 7월 14일에 윤동주는 교토 시모가모下賀茂 경찰서(下鴨경찰서) 형사에게 연행되어 바깥세상에서 사라졌기 때문에 이것은 그의 마지막 사진이 된다.

〈기억과 화해의 비〉라는 이름은 이런 배경을 설명해 주고 있다. 이것은 나라가 서로 달라도 학생들은 평화 속에서 우정을 나누던 소중한 기억을 되새기며 윤동주에 대한 가해자와 피해자가 그리고 조선과 일본이 다시 만나 화해하며 평화롭게 살아가자는 약속을 전하는 비석이다. 그리고 '기억' 은 전쟁의 악몽을 잊지 말자는 의미도 지니고 있다.

니시오카겐지교수와 시비운동

침략전쟁의 악몽을 잊지 않기 위한 시비 건립운동은 후쿠오카에서 니시오카겐지西岡 健治교수 중심으로 10여 년 전부터 끈질기게 계속되어 오고 있다.

필자는 1995년의 윤동주 추모위령제를 개최할 때부터 그가 죽은 자리에 시비가 세워졌으면 하는 간절한 소망을 지니고 있었다. 무용가 이애주 교수와 가수 양희은과 장사익과 각계 인사 50명을 모시고 간 자리인데 후쿠오카 어디에도 눈으로 볼 수 있는 윤동주의 발자취는 없었다.

그로부터 20여 년이 지난 2017년 지금도 마찬가지다. 시당국의 허락이 안 떨어지고 있기 때문이다. 안 떨어지는 이유가 '기억' 때문이다. 침략전쟁으로 저지른 반인류적 범죄를 후손들에게도 기억시키려는 것이 니시가와 교수의 열망이고 시당국은 이를 두려워하기 때문에 허락하지 않는 것이다. 더구나 평화헌법을 고쳐서 과거의 군국주의 시대처럼 세계적 군사 강국의 모습을 보이고 싶은 것이 아베 총리라면 그가 있는 이상 공공장소에 윤동주 기념비를 세우기는 어렵다.

니시오카 교수는 1995년 2월 14일 윤동주 추모위령제가 끝나고 식당에 갔을 때 내 손을 꼭 잡고 '한일 두 나라가 화해하고 진정한 우정을 나누는 일을 지금부터 우리가 해나갑시다' 라고 했었다. 이 교수가 하는 말 중에 기억과 화해가 있고 이는 과거에 대한 참회이고 반성이며 사랑과 평화의 운동이므로 필자가 한국의 문우들에게 사랑과 평화의 꽃밭을 가꾸자고 해 오는 것과 일치한다.

그런데 일본에서 이런 운동이 어려워지고 있는 것은 정치적 목적으로 군국주의 부활을 꿈꾸는 정치가나 관료 때문만은 아닌 것 같다. 윤동주 기념비 건립운동에는 윤동주를 사랑하고 연구해온 유명 교수들도 있는 것과 달리 1994년 10월에 '윤동주의 시를 읽는 회' 가 필자를 그 모임이 태어나게 만든 아버지라고 인쇄물에 박은 때와는 조금 다르다. 확실한 이유는 감지하지 못하고 말았지만 니시오카겐지 교수에게는 그동안의 공로를 치하하기 위해서 수필가 전숙희가 파라다이스 문화재단의 상금 2천만 원을 전하기로 했었다. 그런데 새로 대표가 된 회원이 나서서 이를 거부했다. 니시오카 교수가 그 자리를 떠난 뒤였다.

그리고 새 대표는 '윤동주의 시를 읽는 회' 창립 20주년 기념행사 때 창립자인 니시오카 교수의 공로를 말하지도 않았고, 더 중요한 것은 윤동주기념비 건립운동에 참여하지 않고 있다는 사실이다.

지난날의 범죄와 참상을 후손들에게도 기억시키려는 목적으로 세우려는 시비건립은 누구보다 먼저 동참해야 할 그 동호회 대표마저 참가해 주지 않는다면 시비 건립은 참으로 어려워진다.

니시오카 교수는 그래도 윤동주 시비건립은 단념하지 않고, 만일 끝까지 불가능이라면 그것을 책으로 써 놓겠다는 각오다.

후쿠오카는 윤동주가 '꽃처럼 피어나는 피를/ 어두워 가는 하늘 밑에/ 조용히 흘리' 고 간 자리다. (〈십자가〉 1941년)

유양선 교수는 '꽃처럼 피어나는' 의 '피어남' 은 부활을 의미한다고 말하고 있다. 이렇게 그가 우리 민족과 또는 인류의 사랑과 평화를 위해 피 흘리고 다시 부활하는 자리라면 다른 어느 곳보다 먼저 이를 기억하게 해 주는 시비가 있어야 한다. 그래서 니시오카 교수의 어깨가 더욱 무겁다. 흘린 피가 꽃처럼 피어나듯이 이 자리에 그의 시비가 세워진다면 그것은 이 세상에서 가장 아름다운 시비가 될 것이다. (2017년)

한국대표서정수필선

박세련

박영환

소재수

안옥희

유제범

윤송석

이종수

홍만희

박 세 련

· 2005년 민족문학 작가회의 강원도 백일장 차상

· 2011년 강릉원주 대학교 신문사 주최 공모전 소설부문 당선

· 2013년 한국예총경상북도연합회 주최 제3회 대한민국 독도 문예대전 일반부 산문부문 특선 당선

· 서정문학 수필부문 등단

· 한국서정작가협회 회원

· srlove1227@naver.com

사랑이 내게로 왔다

그녀에게 바치는 편지

사랑이 내게로 왔다

지난 봄이었다. 창을 열면 온 도시를 가득 채우던 희뿌연 미세먼지도 걷히고 산뜻한 햇살과 바람이 뺨을 스치던 봄날, 아니 조금 더 정확히 말하자면 봄의 끝자락과 여름의 시작이 뒤엉켜 눈부시도록 화창한 계절. 그 계절의 한가운데에서 내 마음의 창밖엔 여전히 거칠고 텁텁한 미세먼지가 몰아치고 있었다. 그대로 두었다간 머지않아 마음의 사막화가 시작될 것만 같았다.

새로운 환경에 적응하는 것만도 버거운 상황인데 그런 것 따위는 아무래도 상관없다는 듯 무심한 듯 던지는 말들에, 부러 상처주려 하는 듯 모나게 구는 사람들의 행동에 점점 메말라 쩍쩍 갈라지는 마음 사이사이로 생겨난 염증들이 점점 곪아갔지만, 시들시들 지쳐만 가던 나는 스스로를 돌볼 힘이 없었다. 그때였다. 예전에 같이 일을 했던 친한 동생이 애완동물을 키워보는 것이 어떻겠냐고 물었다. 집에 나를 기다리고 반겨주고 사랑을 주고받을 수 있는 생물이 있다는 것만으로도 삶이 활기차지고 즐거워진다며 적극 추천했지만, 솔직히 자신이 없었다. 단지 내가 외롭고 위로가 필요하다는 이유만으로 애완동물을 키운다면 나는 그 아이를 끝까지 사랑으로 케어 할 자신이 없었다. 얼마 되지 않는 월급에 만만치 않은 애완동물 케어 비용을 충당해야 하는 것도 부담스러웠지만, 당시에 나는 공항에서 일을 하고 있던 터였기에 스케줄 근무의 특성상 이른 새벽 출근하고 늦은 밤 퇴근하는 일이 잦아 쉬는 날에는 하루 종일 곯아떨어져 부족한 잠을 채우기에 급급했으므로 애완동물의 '애' 자도 잘 모르는 내가 생각해도 얼마 지나지 않아 그 아이가 우울증에 걸릴 것만 같아 자신이 없었다.

가족과 떨어져 대학 때부터 계속된 자취 생활이었지만, 졸업 후 각자의 인생을 위해 뿔뿔이 흩어진 친구들의 빈자리는 너무나 컸고, 익숙한 도시를 벗어나 떠나온 새로운 도시는 몇 년이 지나도 여전히 익숙해지지 않았고, 새로 옮겨간 직장에서 또한 서럽고 억울한 일들의 연속으로 답답한 나날이 계속되자, 나는 마시지 않던 술이 늘었고, 혼자 삼키는 눈물이 많아졌다. 뭔가 대책이 필요했다. 이렇게 살다간 내가 우울증에 걸려버릴 것만 같았기에 나는 애완동물은 아니더라도 말을 걸 상대라도 있으면 좋겠다는 생각으로 집 밖을 나섰고, 우연히 지나던 마트 진열대에 서 있던 녀석이 눈에 밟혔다. 그렇게 우리는 가족이 되었다.

"천오백 원입니다."

지갑을 열어 계산을 하고 에스컬레이터를 타고 내려와 걸음을 옮기며 유유히 마트를 빠져나왔다. 늦봄과 초여름의 날씨는 지나다니는 사람들의 옷차림을 한결 더 가벼워지게 만들었다. 길을 건너려 마트 앞 횡단보도에 섰다. 초록 불에서 빨간 불로 바뀐 지 얼마 지나지 않은 듯했다. 신호를 기다리는 동안 가방 안에 살며시 넣어둔 녀석을 들여다봤다. 혹시나 걷는 동안 기울어져 버린 건 아닌지 걱정이 되었다. 하지만 고맙게도 녀석은 내가 처음 자리 잡아 준 그 자리에 가만히 앉아 날 바라보고 있었다.

"볼수록 귀엽단 말이야."

내가 녀석에게 정신이 팔린 사이 신호가 바뀌었는지 어느새 사람들은 바쁜 걸음을 재촉하기 시작했고 나 또한 다시 신호가 바뀔세라 얼른 그 무리에 뛰어들었다.

"자, 이제부터 여기가 네 자리야. 어때 맘에 들어?"

집에 도착하자마자 가방을 열어 녀석을 꺼내 들고는 며칠 전부터 점찍어 두었던 자리에 녀석을 놓았다. 창문 너머 쏟아지는 햇볕을 고스란히 받고 있는 녀석을 보니 왠지 모르게 마음이 뿌듯해지는 듯했다.

"뭐라고 부르지?"

녀석의 모습을 바라보며 괜찮은 이름을 생각하느라 난 눈동자까지 굴려가며 골몰히 생각하기 시작했다.

"엽이?"

〈관엽〉이라는 종의 이름을 따서 엽이라고 부를까 했지만, 어딘가 밍밍한 느낌이 들었다.

"귀요미? 깜찍이?"

이건 너무 유치했다. 아무리 식물에 붙여주는 이름이라지만 서른이 넘어 그런 말들은 입 밖으로 뱉어내려니 소위 말하듯 손발이 오그라드는 듯했다.

"사랑이?"

유치하긴 마찬가지인데 묘하게 끌렸다. 아마 그때의 나는 사랑이 많이 고팠던 것 같다. 누구에게도 사랑받지 못하고 누군가에게 사랑을 나누어 줄 여력조차 없었기에 나는 사랑이 필요했다. 말이 씨가 된다는 옛말을 속는 셈 치고 믿어보는 심정으로 이름을 지었다. 〈사랑이〉 그렇게 사랑이 내게로 왔다.

개중에 꽤나 고르고 골랐는데도 녀석의 이파리 한 귀퉁이가 누런빛을 띄는 것이 눈에 들어왔다. 마트 특가 세일 상품으로 원가의 반절도 되지 않는 가격표를 두르고 혹시나 자신을 데려갈 이가 있는지 촘촘히 서 있던 녀석들 중에서 골라 온 녀석인데. 속상한 생각이 들어 마음 한구석이 뻐근했다.

“최선을 다해 볼게.”

낮게 속삭이며 검지를 뻗어 녀석의 이파리를 쓰다듬었다.

처음 세 달은 정말 녀석이 말을 할 줄 아는, 혹은 살아 움직이는 생물이라면 정말 귀찮아 내 곁에 오지 않을 것 같다는 생각이 들 정도로 녀석에게 말을 걸었다. 건망증이 치매에 가까울 정도로 심한 나였지만, 이주에 한 번만 주면 된다는 물도 잊지 않고 제때에 챙겨 주었고, 그렇게 나는 녀석 덕분에 마음속 미세먼지를 조금씩 털어내고 있었다. 하지만 문제는 세 달이 넘어서면서부터였다. 어느 정도 일에도 적응을 했고, 내가 다시 밝아지며 긍정의 기운을 되찾아서인지 친구들도 하나둘 만나자는 약속을 정하고, 계절 또한 집에만 있기엔 너무나 아까울 정도로 뜨겁고 열정적인 완연한 여름이었다. 그렇게 내가 집에 머물러 있는 시간은 점점 줄어들기 시작했다. 새벽 일찍 출근하고 늦은 밤 집에 들어와서는 샤워를 마치고 지쳐 쓰러져 잠들기에 바빴고, 나와 사랑이의 대화는 이제 하루에 한두 마디가 전부였다. 그런 상황이 마음에 쓰이긴 했지만 내가 바빠서 그런 것이니 어쩔 수 없다며 나 자신을 합리화 시켰다.

그런 나날들이 계속되어가던 어느 날이었다. 현관문 앞에 다다라 신발을 신다 말고 고개를 들었을 때였다. 원룸이라 뻥 뚫린 집 구조상 가장 목 좋은 자리에 놓여있는 녀석이 눈에 들어왔고, 순간 나는 신발도 벗지 않은 채 녀석에게 달려갔다. 녀석의 모든 이파리들이 힘을 잃고 아래로 고꾸라져있었다. 시들어 버린 건 아닌가 걱정이 되어 자세히 살펴보니 다행히 잎의 색은 변하지 않았다. 나는 얼른 싱크대로 달려가 컵에 물을 받아 녀석에게 부었다. 흙이 얼마나 말라있던지 물을 붓자마자 그대로 빨아들였다. 그 모습을 보고 있자니 처음 녀석의 잎을 만졌을 때처럼 마음 한구석이 뻐근하게 저려왔다. 내가 바쁘다는 핑계로 녀석을 돌보지 않는 동안 말 한마디 못 하고 약간의 미동조차 보일 수 없었던 녀석은 속으로 얼마나 애타게 나에게 소리치고 있었을까? 나를 좀 봐 달라고. 내게도 관심을 가져 달라고…….

나는 녀석으로 인해 황량했던 마음에 단비를 뿌렸는데 녀석은 오히려 나로 인해 점점 말라가고 있었다.

"미안해. 사랑아. 정말 미안해. 내가 필요해서 널 데려와 놓고는 정작 네가 나의 손길을 필요로 할 때는 곁에 없어서 정말 미안해."

물을 부어주는 것 외에는 내가 해줄 수 있는 것이 아무것도 없었기에 나는 간절한 진심을 담아 아주 오랜만에 녀석에 말을 걸었다. 출근 후 일을 하는 내내 녀석이 마음에 걸려 하루 종일 퇴근 시간이 가까워 오기만을 기다렸고 그렇게 허겁지겁 집에 돌아온 나에게 녀석은 너무나 예쁜 얼굴로 인사를 했다. 쳐진 이파리 하나 없이 위를 향해 고개를 꼿꼿이 세우고 녀석은 나를 반겼다.

"고마워. 사랑아. 정말 고마워."

나는 단숨에 녀석에게 달려가 마음을 전했다. 정말 고마웠다. 나를 위해 다시 고개를 들어 준 녀석이 나는 너무나 고마웠다. 왠지 그 순간 나는, 녀석이 나를 바라보고 빙긋 웃고 있는 것만 같은 기분이 들었다.

괜찮다고, 이제라도 바라봐 주었으니 되었다고. 그렇게 말하는 것만 같았다.

그날 밤 나는 쉬이 잠들 수 없었다. 나의 지독한 이기심에 어이가 없었고, 무관심과 방치 속에 시들어가던 그 아이를 생각하니 마음이 아파 견딜 수가 없었다. 몇 달 전의 내 모습과 쏙 빼닮아 있는 사랑이를 생각하니 스스로에게 화가 나서 견딜 수가 없었다. 사람이란 참으로 이기적이고 자기중심적이라는 생각이 머릿속을 떠나질 않았다. 그 후 얼마 지나지 않아 결국 사랑이는 내 곁을 떠나고 말았다. 아무리 물과 햇빛과 영양제를 챙겨도 한 번 지쳐버린 사랑이는 다시 힘을 내지 못했다. 누렇게 말라버린 이파리들이 작은 화분에 떨어져 소복하게 쌓였지만 나는 한동안 화분을 치울 수 없었다. 오랜만에 사랑이에게 물을 준 그날 고꾸라져 가던 허리를 겨우 새워 내게 얼굴을 보여준 그 아이는 마지막까지 나를 위해 살다 갔을지도 모른다는 생각이 들었다. 만약 그날 사랑이가 그대로 시들어 버렸다면 아마 나는 더 오래 스스로를 원망하고 자책했을 테니. 어쩌면 사랑이는 그런 나를 위해 마지막 힘을 짜내어 고개를 들어 보였을지도 모른다는 생각이 들었다.

나는 그 뒤로 다시는 식물을 키우지 않는다. 세상 모든 생물에는 마음이 있고, 사랑이 있을지도 모른다는 생각하니 다시는 함부로 무언가를 기를 엄두가 나지 않는다. 내가 받은 상처는 세상 그 무엇보다 크고 아프면서, 사람이든 말 못하는 생물이든 나를 제외한 다른 이에게 주는 상처에는 무감각한 사람이 되지 않기 위해, 내가 아픈 만큼 다른 이도 충분히 아프다는 것을 알기에 나는 아무리 작은 생물이라도 내가 확실히 책임지고 케어할 수 있을 때, 그 때 다시 새로운 가족을 만들어 볼 생각이다.

지금은 나 스스로를 돌보고, 내 곁에 있어주는 고마운 이들에게 사랑을 표현하는 것에 주력하려 한다. 그러다 문득 시간이 흘러 내 주변을 다시 돌아본 어느 날, 사랑이를 쏙 빼닮은 아이가 햇살 좋은 창가에 앉아 나를 바라고 빙긋 웃어주는 것만 같은 그런 날이 오지 않을까 생각해본다.

그녀에게 바치는 편지

한동안 고된 일에 찌들어 몸도 마음도 많이 지친 나를 위해 'Refresh'의 기회가 되었으면 좋겠다며 동행할 것을 권유해 준 오랜 친구를 따라 며칠 전 시화전에 다녀왔다.

〈어머니〉를 주제로 한 시화전은 생각보다 더 깔끔하고 보기 좋게 전시되어 있었다. 우리가 잘 알고 있는 '엄마'의 모습인 어머니, 그리고 꿈 많고 아리따운 소녀의 시절을 간직했던 '여자'의 모습인 어머니를 소제로 한 시화전은 보는 내내 마음 한구석을 따끔거리고 뭉클하게 만들었다.

마침 얼마 전까지 시골에 사시던 엄마가 축농증 수술을 위해 2주 정도 내 곁에 머물러 가셨던 터라 아직 채 가시지 않은 엄마의 온기가 그리워서였을까. 아니면 해가 바뀌고 서른이라는 나이가 되면서 결혼을 해야 하는 시기가 점점 다가오고 있어서였을까. 나는 그 어느 때보다 엄마의 지난 시절이 안타깝고 가여워 마음이 아파 견딜 수가 없었다. 반짝반짝 빛나기에도 부족한 그 찬란한 시절에 가정에 발 묶이고 가족을 등에 업고 청춘을 거름 삼아 자식 농사를 일궈내신 엄마의 희생에 마음이 시리고 눈시울이 붉어지는 것을 막을 길이 없었다.

수많은 작품들 중 유독 기억에 남은 구절이 있다. '아이가 태어나던 그 순간 그녀는 여자에서 엄마라는 이름으로 새로운 개명改名을 결심한다.' 는 내용의 구절이 전시회를 보는 내내 가슴 한편에 가시처럼 박혀 빠지지 않았다. 엄마도 소녀였지, 여자였지, 라는 생각은 한 살 한 살 나이가 들고 결혼적령기에 접어들면서 철이라는 것이 드는 탓인지 조금씩 이해가 되고 공감이 되어갔지만, 정작 엄마에게 '여자' 로서 살아가던 시절을 걷어내고, 이름 석 자를 빼앗고 그녀의 가슴에 '엄마' 라는 새로운 명찰을 달아준 사람이 바로 나라는 사실이 새삼스럽게 가슴에 내리꽂혔다.

'아……. 어쩌면 내가 엄마 인생에 가장 큰 전화점일 수도 있겠구나. 내가 탄생하던 그 순간부터 그녀의 인생은 자신이 중심이 아닌 자식이 중심이 되어 그렇게 누군가의 엄마로 불리며 살아오게 되었구나. 내가 엄마를 엄마로 만든 거구나.'

이 이치를 난 너무 당연하게 받아들이며 살아왔구나. 그녀는 원래 엄마가 아닌데 내가 엄마를 엄마로 만든 것인데. 그 사실을 난 30년 만에 너무 늦게 깨달았다.

지금껏 내가 엄마에게 '엄마를 이해한다, 미안하다, 고맙다.' 이리 말했던 것은 어쩌면 어설픈 이해였는지도 모르겠다. 서른이 된 지금에서야 어렴풋이 그녀의 인생과 희생을 공감할 것도 같은데 아직 결혼도 하지 않았고, 아이도 없는 내가 감히 어떻게 엄마로서 살아 온 그녀의 인생을 위로할 수 있을까.

수많은 엄마들은 자신의 딸들에게 이렇게 말한다. '나중에 결혼해서 너랑 똑같은 딸 낳아서 키워보면 엄마 마음 알 거야.' 그러면 수많은 딸들은 이렇게 말한다. '나 같은 딸 낳으면 괜찮지 뭐. 내가 엄마 속을 썩이면 얼마나 썩였다고. 다른 집 자식들 봐봐, 나만큼 착한 딸도 드물어. 나는 나 닮은 딸 낳아서 속 안 썩고 잘 키울 거야.'

참으로 야무지지만 참으로 아둔한 대답이 아닐 수 없다. 미래를 어찌 안다고. 그리고 엄마의 인생과 그 마음을 어찌 안다고. 그리 호언장담했을까. 지금은 이렇게 말하고 싶다.

'나 같은 딸 낳게 되면 딱 엄마처럼만 잘 키우면 좋겠다. 엄마가 나 키워준 정성만큼만 잘 키울 수 있으면 좋겠어. 엄마, 나도 다음에 엄마처럼만 멋진 엄마가 되면 좋겠어. 정말 고생 많았어요. 엄마.'

박 영 환

· 영남일보 신춘문예 및 교육신문 현상모집 수상
· 수필집: 종소리의 뜨락에서 등 3권
· 시집: 청도에 살어리랐다
· 부산, 중등학교 교장으로 정년퇴임
· 청도문인협회 회장(현)
· 서정문학 운영위원
· aapyh@hanmail.net

반성 4제題

우유

반성 4제題

1. 교사짓

어느 의사분은 “평생에 걸쳐 나 때문에 죽은 환자가 한 명이라면, 나 때문에 산 환자가 백 명쯤 되어야 그래도 의사 짓 제대로 했다고 할만하다.”며 직업의식을 드러냈다.

이 구절을 읽으며 가슴이 철렁했다. 물론 나는 의사가 아니고 교사이니 죽음에 이르게 한 오진이나 실수는 없었다고 말할 수 있다. 그러나 나도 모르는 사이 별생각 없이 던진 말이나 행동이 제자의 가슴에 비수가 되어 그 일 때문에 학업에 대한 의욕을 잃고 한없이 방황하여 마침내 수렁에서 헤어 나오지 못한 일은 없었는지 큰 두려움이 생겼다. 다행히 이때까지 대어놓고 나에게 항의를 한 학생이나 학부모는 없었다 해도 그것만으로 모든 것이 다 덮이는 것은 아니다.

되돌아보면 의욕만 앞서서 정제되지 못한 기준을 정해놓고 아이들을 향해 외친 일도 있었고, 여과되지 않은 감정으로 꾸짖고 때로는 매를 든 일도 있었다. 골고루 사랑으로 어루만지지 않고 편애를 한 일은 없었는가. 그것만은 없었다고 이야기하고 싶어도 상대가 그렇게 느끼고 상처를 받았다면 그 점도 인정해야 한다.

교단 40여 년, 그동안 직접 담임을 한 학생만 해도 1,500명은 족히 될 것이고 교과를 맡은 학생을 비롯하여 직·간접으로 지도한 학생 수는 2만 명을 훨씬 넘는다. 과연 이들 중에 나 때문에 상처를 입은 학생과 용기를 얻은 학생 비율은 얼마나 될까? 의사분의 말대로라면 그것이 100:1은 되어야 제대로 된 교사 짓을 한 것인데 어떤가. 자신이 있는가. 제대로 된 '교사짓'이 얼마나 어려운지를 알고 있는가 하고 반문을 해본다. 그러면서도 나는 이따금 다시 태어나도 교사가 되겠다고 생각한다.

2. 이름이 OOO인 선생님

어느 기자 분이 쓴 '선생님, 당신이 희망입니다'란 책에 그는 원래 선생님이 되는 게 최고의 꿈이었으나 우연하게 방향이 바뀌어 기자가 되었다고 했다. 그런데 그분의 교사가 되고 싶다던 동기가 담임의 비교육적인 처사에 대한 반발에서 나온 것이라 영 마음이 씁쓸했다.

초등학교 시절 한때 그는 학반의 반장이 되었다. 그런데 담임선생님은 가난하기 이를 데 없는 그가 반장이 된 것을 몹시 못마땅하게 생각했다고 한다. 그런데 하루는 돈을 걷자는 선생님의 제안까지 정면으로 반대하는 무뢰(?)를 범하게 되는 통에 선생님은 쌓였던 감정이 폭발하였다. “뭐야, 반장이란 *끼가!” 하고 입에 담으면 안 될 욕설을 퍼부으며 마구 때리기까지 했다. 그렇게 하고도 성이 차지 않았던지 체육 시간에도 운동장에 나가지 못하게 하고 교실에 꿇어앉아 반성문을 쓰게 했는데 서러움 속에 반성문을 쓰던 그는 불현듯 교사가 되어야겠다고 생각했다. 그때 그는 ‘이런 비교육적인 교사가 아니고 진정으로 아이들을 사랑하는 교육자가 될 거야.’ 하고 주먹을 불끈 쥐었다고 한다.

교사들 중에는 어쩌다가 그런 사람도 있을 수 있다고 생각할는지 모른다. 그러나 그건 아니다. 적어도 ‘선생님’ 이란 이름을 가진 사람이라면 한 사람도 그런 사람이 없어야 한다는 것이 나의 생각이다. 그 선생님과 관련된 내용을 읽는 동안 교직에 종사하는 한 사람으로서 죄송한 마음을 감출 수 없었다. 그래도 다행인 것은 그 기자 분은 그 비교육적인 선생님을 제외하고는 다른 모든 선생님은 무척 존경한다고 했다. 그는 오늘의 ‘나’ 는 선생님들의 작품이라고 하면서 현재 자신의 모습이 괜찮아 보이는 것이 있다면 70

퍼센트는 선생님들의 공이라고 했다. 그러면서 그는 초등학교 1학년 때부터 자신의 오늘을 만들어주신 선생님들의 성함을 정확하게 기억한다고 하면서 성함들을 적었다. 그러나 오직 한 분, 그 선생님만은 '○○○'으로 처리했다.

선생님들은 학생들에게 큰 영향을 미친다. 인생의 삶은 스스로 자화상을 그려가는 작업이다. 하루에 한 장씩 열심히 그린다. 이때 그 그림을 잘 그릴 수 있도록 도와주는 분이 선생님들이다. 기자분의 말을 빌리지 않더라도 학생들은 선생님들의 작품이다. 아무튼 이 학창시절의 그림은 우리의 모습 중에서도 눈동자를 다듬는 작업이라고도 할 수 있다. 이 눈동자가 잘못되면 한평생 사시斜視로 살아가야 한다. 만약 그 사시의 책임이 선생님에게 있다면 곤란하다. 그렇게 되었다면 그 기자분이 아니라 다른 사람이라도 그 선생님을 원망하며 이름을 ○○○으로 처리할 것이다.

제발 이름을 밝히기 싫은 교사는 되지 않았으면 좋겠다. 그리고 교사가 되려는 것은 장려할만한 일이다. 그러나 감정이 북받쳐서 가슴이 막히는 듯한 억한 심정으로 교사의 길을 택하게 만드는 일은 없어야 한다. 교단생활을 하면서 항상 되돌아보고 스스로에게 채찍을 가할 일이다.

3. 미래의 어른

얼마 전에 ㅂ고교의 '졸업 20주년 기념 사은회' 행사에 제자들의 연락을 받고 참석했다. 정말 오랜만에 만나는 얼굴들이라 반갑게 악수를 하고 자리에 앉았다. 그때 제자 ㅎ군이 가까이 다가와 느닷없이 넙죽 큰절을 한 뒤 공손하게 술을 권했다. 그러면서 그는 종이와 펜을 내더니 그림(옆 도형) 하나를 그렸다.

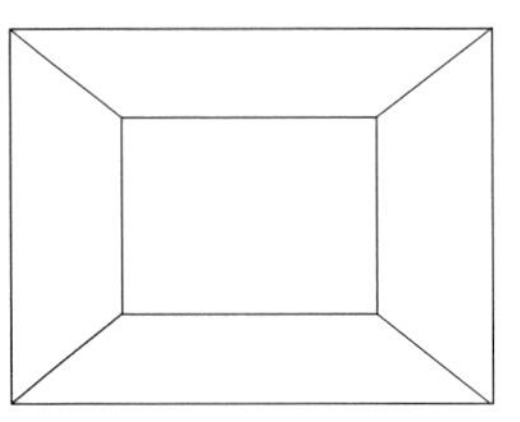

"3학년 초, 제가 어려운 가정 사정 때문에 학업을 포기할 마음으로 며칠간이나 무단결석을 하는 등 실의에 젖어 있을 때 선생님께서 저에게 그려주신 그림입니다."

낯설지 않은 그림이었다. 이 그림은 내가 교단생활을 하는 중 참 많이 그렸던 것이다.

"이 그림은 나왔다고 생각하면 나왔고 들어갔다고 생각하면 들어가게 됩니다. 이처럼 우리도 잘할 수 있다고 생각하면 잘하고 못 한다고 생각하면 못 하게 됩니다. 모든 것이 마음먹기에 달려 있습니다."

하면서 그 뜻을 상기시켰던 것이다. 담임을 맡은 반의 게시판에는 꼭 붙였고 쉽게 학업을 포기하거나 자신이 처한 환경을 이겨내지 못하고 실의에 젖어 있는 사람들에게는 이 그림을 그려주며 용기를 가지라고 격려를 하곤 했다. ㅎ군 역시 몹시 힘들어할 때 상담을 하면서 이 그림의 의미를 강조한 것 같은데 아무튼 그날 이후 그는 자신 책상 앞에 이를 붙여놓고 어려운 환경을 비관하지 않고 긍정적인 자세로 열심히 살았다. 그 덕분에 대학 시험에도 합격하고 졸업한 뒤에는 좋은 직장도 얻었으며 나중에는 자기의 꿈을 펼칠 수 있는 회사도 하나 만들 수 있었다. 그는 지금 그의 회사 벽에도 이 그림을 크게 그려 걸어놓고 사원들에게 격려를 하고 있다고 했다.

그는 몇 번이나 고맙다고 하면서 머리를 숙였다. 제자가 고마워할 때 가르치는 이는 보람을 느낀다. 그런 의미에서 오히려 고마운 사람은 나였다. 아무튼, 그날 제자들이 연거푸 권하는 술을 여러 잔 마시고 기분 좋게 자리를 떴다.

택시를 타고 집 가까이 왔을 때 ㅎ군의 전화가 왔다. 잘 도착하였는지를 묻고는 이제 자주 찾겠다고 하면서 또 몇 번이고 '감사하다' 는 말을 반복했다. 통화가 끝나고 난 뒤 택시 기사 분이,

"역시 선생님이시군요."

나의 첫인상이 선생님같이 보였다는 것이다.

"깡패나 사기꾼으로 보이지 않고 그렇게 보였다니 다행입니다." 하고 농담을 하면서 나는 그날 저녁 ㅎ군과 있었던 이야기를 들려주었다. 그때 이야기를 듣고 있던 기사 양반,

"선생님과 그 제자는 좋은 인연을 가지신 것 같습니다. 부럽습니

다.”

그런데 그 말투에 이상하게 가시가 들어 있는 느낌이 들어,

“기사님은 학교 다닐 때 그런 인연이 없었던 모양이지요?”

“좋은 것은 잘 잊어버려서 그런지 별로 없고 아픈 기억 하나가 머리에 박혀 좀처럼 빠지지 않고 있습니다.”

하면서 말을 이어갔다.

“중학교 2학년 때입니다. 저의 담임선생님께서 무슨 말끝에 ‘이 병신아’ 하고 말한 적이 있었습니다. 선생님의 입장에서 보면 가벼운 농담성 핀잔이었을 수도 있습니다. 그런데 공교롭게도 우리 집에는 정말 아픈 사람들이 많았거든요. 아버지, 어머니, 형님, 누나 한결같이 신체적 결함으로 고생하는 사람들이었습니다. 그래서 저는 어릴 때부터 그 말이 가장 듣기 싫은 말이었는데 선생님께서 그만 그 말을 하신 것입니다. 아마 선생님은 전혀 악의가 없었을 것입니다. 그러나 저는 그 말에 큰 충격을 받았습니다. 장난으로 던진 돌에 개구리가 죽는다는 말이 맞더군요.”

그 말을 듣는 순간 갑자기 술기운이 확 달아났다. 나는 이런 일이 없었던가? 장담 못할 일이다. ㅎ군의 일만 가지고 괜히 우쭐할 일이 아닌 것 같았다. 교단생활 중 어찌 전부 ㅎ군과 같을까. 설사 고의는 아니더라도 분명히 상처를 받은 사람들이 있을 것 같다.

선생님들은 자칫 현재 나타난 아이들의 어린 모습만 보고 아무

생각이 없는 철부지로 여기는 수가 많다. 그러나 그것은 큰 착각이다. 그들은 아무 생각이 없는 것 같아도 선생님의 모습을 정확하게 머릿속에 차곡차곡 담아 두었다가 뒷날 이따금 떠올리게 된다. 마음을 다독거리며 따뜻하게 이끌어주던 손길을 생각할 때는 느꺼워 콧잔등이 맵고 눈가에 이슬이 맺히기도 한다. 반면에 억울하고 섭섭한 모습이 다가오면 미간에 씁쓸한 주름을 만들게 되는 것이다.

아이들은 늘 어린애로 머무는 것이 아니다. 그들은 미래의 어른들이다. 선생님들이 보여준 행동이나 던진 말도 아이들이 자라면서 같이 자란다.

4. 교단에 선다는 것

어느 교수분은 아버지의 유품을 정리하다가 '평생 서서 일하며 살았다.' 란 아버지의 글을 보게 되었는데 그 순간 갑자기 온몸이 굳어졌고 한참 동안 창을 쳐다보며 '한평생 올곧게 서서 사는 교단' 의 함축적 의미를 생각했다고 한다. 교수님 역시 평생 동안 교단생활을 하는 분이라 아버지의 그 말씀에 감회가 남달랐던 것 같다.

교직에 발을 들여 놓는 것을 '교단에 선다' 라고 말한다. 그러니 처음부터 교단은 서는 것이지 앉는 것은 아니다. 그러나 이는 단순하게 백묵과 책을 들고 교단에 서는 것만을 말하는 것은 아니다.

인생에 있어 필연적이고 운명적인 환경은 국가와 부모이다. 그런데 이 국가와 부모 못지않게 중요한 것을 스승이라고 한다. 그래서 군사부일체君師父一體라는 말을 쓴다. 이는 스승에 대한 한없는 존경과 신뢰를 말하는 것이지만 다른 한편으로는 '스승의 길'에 대한 무한한 책무도 강조했다고 봐야 할 것이다. 그래서 이 교수분도 이 점을 상기하며 '서 있다는 것'은 언제나 학생들 앞에서 선두에 서 있어야 하고, 모든 세상사를 서서 바라보는 정직성을 가져야 하며, 남 앞에 거드름을 피우며 앉아 있는 것이 아니라 서서 겸손하게 맞아야 하고, 서서 멀리 바라보며 앞날에 대한 희망을 그려 나갈 수 있는 예지를 지녀야 한다고 말했다.

교단에 서 있는 사람은 다리품만을 파는 것이 아니다. 팔도 서 있어야 하고 머리도 서 있어야 한다. 그리고 종내에는 가슴이 따뜻하게 서 있어야 하는 것이다. 그때 비로소 교단을 지켰다고 말할 수 있을 것 같다. 교단은 앉아서 지키지 못한다. 서서 지켜야 한다.

나도 연한만 따지면 교단에 서 있었던 기간이 결코 짧지 않은 것 같다. 그런데 돌이켜 보면 그동안 얼마만큼 그 '선' 의미를 알고 서 있었던가? 더구나 근래에는 교장실에 있었던 몸이라 서 있는 것보다는 앉아 있는 것이 더 많았으니 마음까지 앉아 버리지는 않았는지 두려운 마음 금할 길 없다.

우유

초등학교 1학년인 외손녀 가영이, 학교에서 받아쓰기 시험을 쳤는데 '우유'를 '유우'라고 적어 틀렸다. 제 어미가 머리를 쥐어박으며 덜렁거리지 말라고 핀잔을 주었다. 괜히 구박을 당하는 녀석이 안쓰러워 품에 꼬옥 안아주었더니 연신 손잔등으로 눈물을 닦아내며 훌쩍거렸다.

이 아이의 '우유' 소동을 보면서 어느 남학교에 근무하던 시절에 별명이 '우유'이었던 아이가 생각났다. 내기를 해서 큰 우유 팩 10통을 한꺼번에 먹고는 견디지 못해 속에 있는 것을 다 올려 교실을 범벅으로 만들고부터 얻은 별명이었다. 그 이후 이 아이는 본명인 성규란 이름 대신에 '우유'로 통했다. 어떤 아이는 숫제 더 희화화하여 성을 '우'요 이름은 '유'로 만들어 '우씨'라고 부르기도 했다. 아무튼, 이 아이는 이처럼 무모한 짓을 잘했으며 학교생활도 태만하기 그지없었다.

결석을 자주 했다. 비가 조금 와도 오지 않고 바람이 약간 불어도 오지 않았다. 심지어 프로 야구팀이 경기를 하는 날도 오지 않았다.

어느 날도 아무 연락 없이 또 학교에 나오지 않았다. 집에 전화를 했다. 다행히 이 아이가 받았다. 나는 순간 울컥 화가 치밀었다.

"이 *끼 학교에 오지 않고 지금 뭐하는 거야."

하고 버럭 고함을 질렀다. 그러자 상대편에서 나보다 더 큰 소리로 항의를 했다.

"선생님, 저는 성규 애비입니다. 아무리 자식이 죽을죄를 지었다고 해도 애비에게까지 욕을 할 수가 있습니까?"

아차 뭔가 잘못되었다는 생각이 들었다. 얼른 목소리를 낮추어,

"죄송합니다. 저가 괜히 부아가 치밀어 확인을 하지 않고 큰 결례를 한 것 같습니다."

하고 용서를 빌었다. 그런데 전화를 끊고 생각하니 아무래도 찜찜했다. 그 시간에 아버지가 회사에 가지 않고 집에 있을 턱도 없거니와, 또 전에도 아버지와 통화를 한 적이 있는데 아들하고 목소리가 다른 것 같았기 때문이다. 고개를 갸우뚱했지만 그러나 어쩌랴, 우선 참았다.

이틀 뒤, 녀석이 나타났다. 조용히 상담실로 불렀다.

"솔직하게 바른대로 말해 봐. 그날 전화를 받은 사람이 너지?" 하고 말하자 처음에는 아니라고 딱 잡아뗐지만 내가 여러 정황을 들이대자 머뭇거리던 녀석은 무릎을 꿇고

"죄송합니다."

하고 머리를 숙였다.

그로부터 세월이 한참 지나 대입 원서를 쓰고 있을 때였다. 이 아이가 불쑥 나타나 체육대학에 가겠다고 했다.

"아니, 그쪽으로 준비한 적이 전혀 없지 않니?"

"그래도 자신이 있습니다."

"실기부터 되지 않을 텐데."

중학교 때 육상선수 생활을 조금 한 적이 있기도 하려니와 평소 체육에 소질이 있어 지금부터라도 하면 된다고 우겼다. 하기야 이 아이의 성적으로는 다른 과에 가도 큰 승산이 없기에 그렇게 하라고 허락했다. 그런데 이 녀석 대단했다. D대학 체육과에 당당히 합격했다. 장학금까지 받았다.

이 친구가 고등학교를 졸업한 지 1년쯤이 지났을까. 어느 날 갑자기 우리 집에 우유가 배달되기 시작했다. 신청을 한 적이 없기에 잘못 배달된 줄 알았는데 이튿날도 또 그 다음 날도 계속 들어오는 것이 아닌가. 알고 보니 이 친구가 걸어 놓고 가는 것이었다.

대학에 들어간 그가 우유 배달 아르바이트를 시작했는데 마침 우리 집이 있는 구역을 맡았다고 한다. 그래서 학교에 다닐 때 너무 애를 먹어 죄송한 점이 많았는데 우유라도 드리면 마음이 좀 편할 것 같다고 했다. 마음만 받아도 고마우니 그러지 말라고 만류해도 배달원에게 할당된 여분으로 넣어 드리는 것이니 전혀 부담을 갖지 말라고 하며 막무가내로 달아놓고 가버리니 하는 수 없이 먹을 수밖에 없었다.

'우유' 란 별명을 가진 아이의 '우유 배달' 이라, 우유와 무슨 떼지 못할 인연이 있는 것 같았다. 그렇게 우유를 배달하기 6개월이 지난 어느 날 아침, 이 아이가 문을 두드렸다.

"선생님, 이제 군에 입대하게 되어 우유를 넣어 드리지 못하게 되었습니다. 안녕히 계십시오."

하고 꾸벅 절을 했다.

나는 그 이후 이 친구가 배달하던 대리점에 전화하여 우유를 계속 받으며 그가 군대생활을 무사히 마치고 돌아오기를 빌었다.

소 재 수

· 대학재학중 대학신문 편집, 제작
· 2012년 미소문학 시부문 등단
· 2015년 서정문학 수필부문 등단
· 한국문인협회 시분과회원
· 동인시집: 『세발자전거로 가보는 사람세상』
· soxxsu@hanmail.net

보리싹 돋아날 때면

조상님들의 내비게이션

보리싹 돋아날 때면

몇십 년 만의 추위라던 겨울도 아주 완벽히 갔는지 목덜미를 스치는 바람도 에는 듯한 섬뜩함이 가시고 촉촉하고 부드러운 기운이 든다. 완연한 봄의 문턱에 온 듯하다.

"봄" 하고 한 음절 외마디 소리를 뇌어 보면 많은 사람이 제 각각 떠올리는 것이 다르겠지만 한 가지 공통점은 '희망, 기대' 이런 단어들일 것 같다. 추운 겨울에 구상했던 새로운 인생 설계, 지난 가을에 토라진 애인과 짜릿한 만남, 신혼부부의 예쁜 아기 탄생 등, 대개가 이런 희망적인 기다림이 아닐까 싶다.

나라고 어찌 기다려지는 봄이 아니겠느냐마는 들녘에 파란 보리싹이 바람에 나부끼는 전원적인 풍경의 뉴스가 나오기 시작하니 문득 떠오르는 기억이 하나 있다.

수년 전부터 한 봉사단체에서 만나는 동네 가까운 이웃 분들과 한 달에 한 번씩 모여서 안부도 묻고 세상살이 경험담을 들어가며 점심을 같이하는 모임이 있었다. 매달 돌아가면서 음식의 종류나 장소를 정하는데, 어느 해 봄날 마침 순번이 돌아온 회원이 이번 달에는 아주 귀한 맛을 보여 주겠다고 큰소리를 쳤다.

우리는 약속 장소에 모여 그 회원의 길 안내로 중앙시장 한 귀퉁이에 있는 그 식당에 찾아갔다. 하지만 찾아간 식당 앞에 와서는 회원들 모두의 얼굴이 표 안 나게 일그러지는 것을 느꼈다. 식당이래야 대여섯 평 남짓 한데다가 건물 한쪽에 달아 내어 볼품없기가 입이 딱 벌어질 정도인데다 탁자라야 네댓 개가 고작이었고 간판도 판자 쪽에 빨간 글씨로 '홍어' 딱 두 글자가 쓰여 있는 환기조차 안 되는 굴속 같아서 식당이라고 아래에도 좀 뭐 한 곳이었기 때문이었다.

안내한 회원은 주인인 듯한 꾀죄죄한 할머니에게 자리를 부탁하고 우리는 밖에서 잠시 벌레 씹은 상으로 기다려야 했다. 꼴은 그래도 네댓 개 되는 좌석이 만석이었기 때문이었다.

한참을 기다린 끝에 주인 할머니가 나와서 자리가 났다는 이야기에 일행은 안으로 들어가 대폿집 의자처럼 삐거덕거리는 둥근 의자에 뒷 손님과 등을 맞대고 자리를 잡았다. 안내한 회원이 일행의 기분은 나 몰라란 듯 의기양양하게 멋대로 시킨 음식은

"할머니 여기 홍어앳국 다섯 사람이요"

어이가 없어진 일행은 처음 보는 양 멍-하니 조리하는 할머니를 쳐다볼 수밖에 없는 처지가 되어 버렸다. 검게 그을음이 붙은 커다란 양은냄비에 물컹한 홍어애 듬뿍, 벌건 양념 두어 숟갈 그리고는 다 끓어 간다 싶을 때에 파란 보리싹 한 움큼, 그것이 전부였다. 그래도 부글부글 끓어가니 제법 구수한 냄새가 풍겨온다.

"다 익었응께 맛이게들 잡수시오 잉-"

그러면서 할머니는 식탁 위에 막걸리 한 병을 턱 올려놓았다.

어쨌든 일행은 입맛을 입을 쩍-쩍-다시고 땀을 흘려가며 시원한 막걸리로 입가심을 해가며 홍어앳국 양푼을 비웠다. 뚝배기보다 장맛이라고 생각보다, 보리 새싹 때문인지 싱그러우면서도 칼칼한, 그야말로 감칠맛을 흠뻑 즐겼다. 안내한 회원이 그것 보라는 듯이 어깨를 쭉 펴며 한마디를 해서 일행을 웃겼다.

"홍어앳국은 보리싹 나는 지금 아니면 못 먹거든 자네들 오늘 내 덕에 남쪽의 봄을 미리 맛본 거야"

우리는 그 맛에 빠져 봄이 되면 두세 번씩 그곳에 들렀고 그야말로 남도의 봄소식을 미리 맛보곤 했다.

그런데 서운한 일이 생겼다. 작년 봄에도 예외 없이 그곳에 들려 홍어앳국을 즐기고 있을 때 주인 할머니가 막걸리 한 병을 건네주면서 뜻밖의 말을 하는 말을 하는 것이었다.

“이 막걸리 오늘은 공짜야, 시장 리모델링인가 뭔가 헌다. 나도 인제 힘이 부쳐 가게를 접기로 했구먼, 이 홍어앳국 장사도 오늘이 마지막잉게 잘들 먹고 가. 어쩐지 오늘쯤은 자네들이 올 것 같더라고, 각시들 아주 많이 이뻐하고 새끼들 듬뿍 사랑하고 오래오래 재밌게들 살어, 내사 인자 고향에 가서 텃밭에 호미질이나 하다가 갈 때 되문 가야지, 자네들 생각 오래 날껴”

세상에 어떤 이별사가 이보다 더 마음에 짠-하게 들렸을까. 일행은 작별 인사도 제대로 못 하고 김 서린 문을 나왔다. 뭔가가 가슴을 울컥하게 했었나 보다.

일 년에 몇 번 가는 것도 아니면서 단골식당 문 닫은 것처럼 서운하고 아쉬움이 오래가는 것은 이제 나이를 먹은 탓이 아닐까 하면서도 사람의 정이라는 게 오래 쌓인다고 꼭 도타운 것이 아니라 마음속에 스며드는 그 무엇이 있어야 하는 것이 아닌가도 싶다.

올해도 방송에서는 어김없이 봄 타령이 시작되니 청 보리싹 듬뿍 들어간 홍어앳국 생각이 입맛을 다시게 되지만 어쩐지 다른 곳에서 먹는 홍어앳국은 그 할머니의 맛이 아닐 것 같다. 비록 구수하고 얼큰한 홍어앳국 먹기는 어렵게 되었지만, 그 할머니 고향에 가셔서 쉬엄쉬엄 운동 삼아 텃밭이나 매면서 오래오래 사셨으면 좋겠다.

---

* 애 : 물고기의 내장. 홍어앳국 : 홍어애국이 맞는 말일 것임.

보리싹 돋아나면

들판에 청보리 싹
한 뼘이나 넘게 자라고
목덜미를 스쳐 가는 바람도
한결 부드럽게 보리밭 위를 물결치는데

봄 되면 시장 한 쪽에
탁자 세 개 벌려 놓고
보리싹 한 웅큼 뭉청넣어
얼큰하고 구수한
홍어앳국 끓여주던 할머니

이젠
짊어진 세월의 무게가 힘겨워
몽땅 놓고 고향 갈란다고
공짜 막걸리 한 사발 곁들여 주며
쓴웃음에 작별했는데

이 봄엔

어느 보리밭 가에서
구수한 홍어앳국 추억에 취해
호밋자루 쥐고 졸고 계실까

조상님들의 네비게이션

며칠 전 4월 셋째 일요일에 전북 익산으로 시제를 지내러 다녀왔다. 전에는 기차로 두세 시간 걸리던 곳인데 이제는 KTX 덕분에 두 시간여의 시간으로 가고 올 수가 있어 당일로 돌아올 수 있는 편리한 일정으로 다녀왔다. 우리 집안이 속해있는 "OOO파"의 시제에 참석하기 시작한 40여 년 전에만 해도 집안 어른들의 주장이 완고하여 가고 오는데 기차로 두세 시간씩 걸려서 한번 행사 참석에 통상 이틀을 잡아야 했다. 야트막한 종중 산에 열다섯 기의 조상님 묘가 양지바른 쪽에 아늑하게 자리 잡고 그 초입에 재실로 사용하는 집이 있어 많은 아낙네들이 모여 제수 음식을 장만하고 조상님들 한 분 한 분의 묘 앞에서 번번이 새로 장만한 음식으로 차례를 지내야 했으므로 하루해가 부족해서 다음날로 넘는 난

감한 경우가 일쑤였다. 결국, 이런 사정으로 해서 점점 참석하는 인원이 줄어들고 연로하신 어른들도 도리 없이 젊은이들의 설득에 양보하여 오늘날에 이르렀다. 즉 모든 절차를 하루에 마치기 위해서 매년 사월 셋째 일요일로 시제 날을 고정하고 묘 앞에서 지내던 행사를 재실 마루로 장소를 옮기고 기타 몇 가지 절차의 간소화로 종원들의 합의로 오늘에 이르렀다. 아직도 연로하신 어른들은 속으로 못마땅하신 속내를 짐작게 하지만 그보다 더 안타까운 것은 해가 갈수록 아는 노인들의 모습이 하나둘 안 보이기 시작한다는 것이다. 궁금하여 인근에 사는 종원에게 안부를 물으면 일 년 사이에 돌아가셨다거나, 병으로 거동을 못 한다거나, 요양원으로 가셨다든가 하는 가슴 아픈 소식이 대부분인 것이다.

인간이 어찌 병으로부터 자유롭고 몇만 년을 살 수 있을까마는 돌아보니 내가 시제에 우리 집안의 종손이라는 이유만으로 할아버지에게 이끌려 참석을 시작한 지 사십여 년 만에 당일치기 참석이 가능하게 교통이 발달한 만큼 해마다 먼 데서 오느라고 수고했다며 시제 끝나면 쭈그러진 손으로 호두, 밤 한주먹씩 주머니에 쑤셔 넣어주던 어른들이 하나둘씩 안 보이는 현실이 그동안 역시 이렇게 세월이 흘렀구나 생각하니 올해는 작별 인사하는 내게 내년에도 꼭 오라고 당부하는 또래들의 손을 뒤로하고 나오는 반백의 뒤통수가 절로 뜨뜻해짐을 느꼈다. 아- 내 나이 팔십인데 그동안 이렇게 세월이 무심하게 갔구나.

작년에는 이런 일도 있었다. 몇 년 전에 작고하신 숙부님의 기일이 되어 제사에 참석하기 위해 중앙선을 타고 덕소에 갔다. 제사가 끝나고 덕소에서 오기에는 너무 늦기는 하지만 평소에 가깝게 지내온 탓으로 매년 빠지지 않고 참석하는 것은 물론이고 가능하면 조금 일찍 가서 제사상 차림을 거들어주곤 했는데 이날은 어쩐 일인지 도착해서 보니 벌써 상차림이 반 너머나 끝나 있었다. 자세히 보니 진설(陳設-제사 상차림)도 훌륭했다. 하도 반가워 수고한 고인의 며느리에게 이제는 혼자 해도 훌륭하게 잘했다고 칭찬을 했더니 슬그머니 주머니에서 핸드폰을 꺼내어 보여주면서 빙그레 웃고 있었다. 자세히 보니 스마트폰 화면에는 제사상 상차림 그림이 선명하게 올라와 있는 것이 아닌가. 아뿔사 내가 모르는 사이에 이렇게까지 와 있구나 하며, 속으로 멋쩍게 웃어넘기고 말았다.

제사를 마치고 집에 도착한 나는 속으로 뭔가 집히는 게 있어서 혹시나 하는 마음으로 인터넷을 뒤져보니 아니나 다를까 검색창에 '제사대행' 이라고 치니 장례식장처럼, 제사를 대행해주는 업소가 벌써 많이 생길 조짐이 보였다. 제사 장소와 제수(祭需-제사음식)를 제공함은 물론이고 와이셔츠와 넥타이에 샤워 시설까지 갖춰 놓고 퇴근 후 약속 시각에 가족들이 모여서 샤워하고 옷 갈아입고 검은 넥타이 갈아 매고 옆에서 도우미가 시키는 대로 제주祭酒 올리고 절만 하면 된다는 것이다. 그저 놀라울 뿐이다.

이제 오래지 않아서 각 가정에서도 제사 때가 되면 컴퓨터로 제사 프로그램을 내려받아 설치하고 거실의 대형 TV에 연결해 놓으면 잘 차려진 제사상 그림이 나오고 제사 모실 분의 인적 사항만 입력하면 지방紙榜도 교체되고 '제사 지내기'를 누르면 촛불 켜지고 향 피어오르고 잔에 제주 채워 올려지고 축문祝文까지 낭랑하게 독축讀祝 절차가 끝나면 TV 앞에 자리 깔고 죽- 서서 있다가 하라는 대로 절만 하면 마무리되는 스마트 제사 시대가 곧 올 것만 같다. 아니 벌써 어디엔가 와 있는지도 모를 일이다. 조상님들이 이제는 컴퓨터도 배우시고 사이버 공간에서 길도 찾으셔야 하니 참 바쁘시게 생겼다고 생각하니 나도 모르게 피식 웃음이 나왔다.

아날로그 제사 시대가 디지털 제사 시대로, 그리고 급기야는 스마트 제사 시대가 바로 눈앞일 것 같은 생각에 이르니 가슴이 착잡하다. 마치 썰물이 다 빠져나간 저물녘의 바닷가에 홀로 서서 멀리 지평선 너머로 지는 해 위에 붉게 물들어 있는 저녁노을을 바라보는 듯 허전하고 쓸쓸해진다.

이젠 조상님들 제사상에는 맛이 별로인 대추 밤 대신 고성능 입체감 있는 3D내비게이션 한 접시를 올려 드려야 하는 것이 아닌가 싶다.

(글쓰기를 마치고 나니 이어서 써 두었던 글이 생각나 여기에 옮겨봅니다.)

아날로그 친구

친구 친구 친구
친구네 동네 친구 홍수가 났나 보다.

트위터도 친구 하자하고
페이스북도 친구 하자하고
블로그도 일 촌 맺고 친구 하며 놀자 하고
친구 친구 친구
친구네 동네 친구 홍수가 났나 보다.

그런데 이런 친구는 왜 안 보이냐
어릴 때 벌거벗고 개울에서 함께 멱 감으며
물장구치고 고기 잡아 구워 먹던 친구

삼 교시 종 치면 도시락 까먹다 들켜
복도에서 도시락 들고 같이 벌섰던 친구

예쁜 가시내와 헤어진 걸 눈치채면
대포 한 잔 사주면서 위로해주던 친구

친구도 친구 나름인데
어찌 너희들만 어딜 가고 아니 보이느냐?

땅거미 지면 세운상가 옆 골목
드럼통에 연탄불 석쇠 위에
돼지갈비, 꽁치 구워 소주 한 잔하고 나면
세상이 모두 우리 것 같았는데

이제는 겨우
너는 소주 석 잔 또 너는 막걸리 한 병
나는 찍-해야 막걸리 반병인데
안주야 아무러면 어떠냐
볼품없이 쭈그러졌어도
네 얼굴의 웃음만 한 안주가 또 있을라구

안 옥 희

· 문학사랑 회원
· 서정문학 시부문 신인상
· 한국서정작가협회 회원
· 시집 : 『깊은 밤 외로운 달』
· 2014 제4회 서정문학 '대상' 수상
· q14618@daum.net

부적합

옹달샘과 커피

부적합

원미산을 오른다. 앞에는 할머니 세 분이 천천히 가고 있다. 나도 할머니들 보폭에 맞추어 걸어간다. 산 중턱 약수터에 왔다.

장마철이라 천지가 축축한데 햇살이 나뭇가지 사이로 까꿍 까꿍 장난질을 한다. 세 살배기 오줌발처럼 가늘게 흐르는 약숫물, 옆에는 식수 부적합이라고 빨간 립스틱을 바른 글씨가 호기롭게 서 있다.

할머니들은 가방을 내리고 물을 받는다. 나는 할머니들이 글을 모르시나 싶어 할머니, 식수 부적합이래요,

옆에 턱을 괴고 있던 도토리나무도 걱정이 되는지 덜 익은 도토리 하나 떨군다. 하지만 할머니는 계속 진행형이다.

다시 한 번 목소리를 가다듬어 "할머니 식수 부적합이래요" 그

러자 눈을 험상궂게 치켜뜬 할머니,

“나도 알어, 요즘 세상에 적합이 워디 있단가. 전부가 부적합인디 물이라고 별수 있나. 이 장마철에 흙탕물 아니면 먹는겨. 수질검사를 언제 했는지 여름에 했으면 부적합이고 겨울에 했으면 적합이지. 여름에야 비가 와서 이물질이 들어가니 부적합이고 겨울에는 얼었으니 적합인게지. 인생 한두 해 사나. 옛날에야 비가 와서 뿌연 물도 먹었고 아이들이 똥을 누면 개를 먹였고 그 자리 쓱 닦고 살아도 아무 탈 없었지, 복날엔 똥 먹던 개를 잡아서 온 동네가 먹어도 맛만 좋았어. 생수는 안전한 줄 알어, 무슨 물을 퍼 오는지 본 사람 있어? 우리 영감 보니 좋은 것만 먹고 좋은 잠 자고 좋은 옷만 입어도 일찍 가더구만.”

좋은 잠! 도대체 좋은 잠이란 무엇인가?

“할머니 좋은 잠이란 어떤 거예요?”

“한이불 덮고 자는 사람을 자주 바꾸는 거지”

호두같이 앙다문 할머니 입에서 생각지도 못한 이야기가 봇물처럼 쏟아졌다.

“할아버지께서 여자를 여럿 두었다는 말씀이세요?”

“이제야 알아 듣는구만”

“할머니 속상해서 어떻게 사셨어요?”

“안 죽었으니 산 것이지”

“쫓아가서 작은 이의 머리채라도 잡고 흔들어 보시지요?”

“그랬다가는 그놈의 영감탱이 날 잡아먹을 건데”

잠자던 분노가 스프링처럼 일어난다.

나는 취재하듯 질문하지 않을 수가 없었다.

“여자를 몇 명이나 두셨어요?”

“나 말고도 네 명이나 된다네, 제일 마지막 여자는 우리 딸보다 두 살 더 많아, 첩이 첩 꼴을 못 본다고 지들끼리 머리끄댕이 잡고 난리를 치더군 참 기가 막혀”

“그럼 할머니는 자녀를 몇 명이나 두셨어요?”

“맨날 첩한테 있다가 가끔 와서 애만 맨들고 갔었지, 그런 자식이 네 명이여”

“할아버지가 잘나갔던 모양이지요?“

“직조공장을 했는데 가는 데가 내 집이여, 팔자에 열두 방에 갓을 건다는 사람이여. 주막이고 기방이고 이쁜 여자는 다 영감님 여자로 맨들었어. 그러니 시집살이에 찌든 내가 눈에 들어올 리 있갔어. 그래도 서방이라고 오기만 하면 있는 것 없는 것 정성껏 차려냈고 더 묵어가라고 붙잡았어, 이목구비 뚜렷하고 풍채 좋아 어느 여자라도 보면 탐나는 남자였어. 기다림에 지쳐갈 때 넓고 푸근한 무릎에 안겨 방방하게 물오른 가슴에 손들어 올 때면 활화산같이 타오르던 분도 봄 눈 녹듯 풀어졌지. 모처럼 꾸민 합방, 초야처럼 설래었지. 황홀한 부부 관계를 얼마나 갈망했는데, 하룻밤 자고 나면 꿈에 본 듯 멀어진 영감님. 독수공방 흘린 눈물이 얼마였던가. 철이라면 녹아 없어졌갔지, 고무라면 삭아서 다 끊어졌갔지. 모진 것이 인간이라 그래도 내가 더 오래 사니 무슨 조화인지 몰라. 말년엔 나한테 와서 한 삼 년 살다가 죽었지. 마지막 숨넘어갈 땐 내 손을 꼭 잡고 미안하다 하더군"

"댐 수문을 열듯 쏟아지는 눈물을 감당할 수가 있어야제"

"그렇게 갈 거면서 여인들 치마폭에 나비 되어 꽃가루 나르며 다녔던가요"

"화무십일홍이라 연못의 금붕어는 사시사철이지요. 당신의 호수에서 금붕어 되어 살기를 고대했는데…, 당신 가고 나니 기둥뿌리 뽑아 바친 첩 년들 얼씬도 하지 않는 거 보셨지요?

몸부림쳐도 어쩔 수 없는 일, 죽고 나니 다 소용 없더구만 새끼들만 와서 일을 치렀지"

할머니는 입에 게거품을 물고 내가 할아버지인양 응석을 부리듯, 속 마음을 탈탈 털어 내 앞에 쏟아 놓았다.

"자식들이 모두 몇 명이에요?"

"우리 아이들 네 명에 첩의 자식 일곱 명, 모두 열한 명이지,

그래도 무슨 정이 남았는지 비지 같은 몸이라도 와주니 반갑고 고마웠지, 미안타는 그 말에 수십 년 묵은 체증이 좀 내려가더군"

"작은 집에 보내지 그랬어요,

"한 년도 맡을 년이 없어. 아니 맡으라는 말도 해보지 않았어. 한때는 영감만 얼씬거리면 산천 초목도 떨었었지. 담배를 사오라길레 주인이 없어 좀 늦게 왔더니 담뱃집 주인 놈하고 무슨 짓 했느냐고 몽둥이 뜸질을 하곤 했지. 내 팔자에 영감은 너무 과분한 사람이여, 별 볼 일 없는 내가 너무 큰 그릇을 차지해서 채워주질 못했지. 그래서 자기 수준에 맞는 사람 찾느라 그랬던 거지. 첩들과 분할을 한다면 내게는 아마 손가락 하나 정도 돌아올란지 몰라"

할머니는 혼자 이해하고 사랑하고 사는데 익숙해 이미 도사가 되어 있었다.

"아니에요, 할머니, 그래도 할머니가 제일 많이 가진 분이세요. 연지곤지 찍고서 청실홍실에 암탉 장닭 마주 보며 혼례 치른 분이시지요. 말년에 임종을 지켜드린 최초의 여인이자 최후의 여인이예요. 따져보면 봉사하고 양보하면서 다 가진 분이세요."

"듣고 보니 그러네"

나는 더 이상 할머니들의 물 받는 일을 더는 말릴 수가 없었다.

굽은 등 위로 할머니 인생이 주마등처럼 지나갔다.

요염했을 몸 구겨 담으면 한 소쿠리도 안 될 부피. 못 먹을 물을 먹는다 해도 말릴 사람 없으니 너무 가여웠다.

신혼의 따끈따끈한 사랑을 맛나게 취해보지 못하고 얼마나 많은 세월을 죽였을까?

못다 한 사랑의 잔해가 좌초되어 안타까움만 더 한다.

할머니의 이 심정을 아름다운 편지지에 예쁘게 꾸며서 화상채팅으로 저승에 계신 할아버지께 전송하고 싶다.

아늘아늘 그물 같은 그늘을 헤치고 가득 채운 물이 쫄랑쫄랑 병을 때리며 산을 내려가고 있다.

부적합일 망정.

옹달샘과 커피

밤 12시, "얘야 얼른 일어나서 물 한 동이 이고 오너라."

꿈나라를 헤매는 나를 깨우시는 어머니는 부엌에서 혼자 바쁘다.

음력 정월 열나흗날 밤, 祭主가 입산하면 집집마다 어머니들은 오곡밥 짓기에 여념이 없다.

어머니는 신성한 샘물을 제일 먼저 길어오는 것이 행복을 부르는 지름길이라 여겼다. 그런데 그 샘물 길어오는 일이 꼭 내가 해야 할 몫이었다.

한창 잠이 많은 소녀 시절, 내게는 납량특집을 보는 듯 오싹하고 무서운 일이다. 어머니의 말씀은 단호했고 어떠한 변명도 먹혀들지 않았다.

샘은 나무가 우거진 뒷산에 있다. 우리 집과 아랫집 양 옆집, 네 집이 사용하는 박샘이다. 세수를 하고 머리와 옷을 단정히 하고 물동이를 들고 오솔길을 혼자 걷는다. 어디선가 들려오는 부엉이소리, 내 바람에 놀라 머리끝이 쭈빗 선다.

방금전 흐릿하던 달빛이 내 마음을 알았는지 환하게 길을 비춰준다. 어느새 편안해진 마음, 산 그림자가 대보름 달빛을 받아 어느 화가의 산수화처럼 아름답다.

언니 볼처럼 통통한 달이 금빛 물을 풀어놓고 일렁일렁 목욕하는 샘 안에는 가랑잎이 떠다니고 두 갈래로 머리를 땋아내린 거뭇한 내 얼굴도 들어 있다.

심호흡을 하고 바가지로 물을 휘휘 세 번 젓고 정성스럽게 한 동이 물을 펴 담았다. 한 방울도 흘리지 말고 와야 한다고 어머니께 수십 번 들은 이야기를 새기며 온다. 한 발 한 발 뗄 때마다 물에 엎은 바가지가 동이에 부딪혀 통통 북소리를 낸다.

물은 성주 앞 마루에 가부좌로 앉히고 달이 물동이에 쏙 들어가는 것을 언니와 나는 유심히 지켜본다. 달은 물동이를 조금만 건드려도 길죽하게 늘어났다 제자리로 돌아오는 요술쟁이가 된다.

어머니는 함지박에 오곡밥을 푸고 일곱 가지나물을 돌려 담고 탕국을 큰 찜통에 담아서 마루 위 성주님 앞에 놓는다. 부럼도 함께 놓는다.

의대를 갖추신 아버지는 성주님께 온 가족 건강과 풍년 농사를 빌었다. 제사가 끝나면 오곡밥을 먹는다. 어머니는 우리 오 남매에게 성주 물을 조롱박 한 가득씩 먹으라고 하셨다.

동제를 지내고 나면 백설기와 과일, 한 그릇의 물을 놓아둔다고 한다. 그 제물을 먹은 사람은 장차 녹을 먹는다기에 공부하던 학생들은 그 시간을 노렸다.

모두가 가난했던 농촌의 빈가마을, 유일하게 서울에서 대학에 다니는 예천 임씨 가문에 잘 생긴 남자가 있었다. 그는 해마다 동제떡과 제숫물을 먹는다고 했다. 대학을 졸업하고 공무원이 되어 귀한 설탕을 한 봉씩 집집이 돌렸다. 우리는 그에게 받은 설탕을 대보름 달물에 타서 달달하게 들이켰다.

그래서인지 그 집은 내가 알기로 삼대째 마을 사람들의 부러움을 샀다.

세월이 얼마를 지났을까, 어느 여름날 저녁밥을 먹고 있는데 방송소리가 들린다.

“동민 여러분 안녕하세요? 저는 임철규입니다. 제가 얼마 전에 직장에서 승진을 했습니다. 그리고 축하도 많이 받았습니다. 이 모두가 동민들의 덕분이라 생각되어 조그만 선물을 마련했으니 마을

공터로 나와주시기 바랍니다." 사람들은 모두 공터로 모였다.

뽀샤샤한 새모시로 하얗게 차려입은 그는 얼굴에 기름기가 잘잘 흐르고 두툼하게 살오른 품새로 부채질을 살랑살랑하며 강단에 올라간다. 가지런한 이빨이 더욱 돋보이는 누가 보아도 부잣집 자식이 분명했다.

농사짓다 그을린 두꺼비 가죽 같은 얼굴로 달려온 농민들에 비하면 잘 사는 미국인과 전쟁을 치른 이라크 사람 같이 너무나 대조적이었다.

그는 유리병을 들고 "여러분 이것이 무엇인지 아십니까?"

사람들은 저것이 무엇일까 웅성거리는데 그는 병마개를 틀어서 새까만 알갱이를 보여주었다.

"이것은 커피라는 것입니다. 기호식품으로 먹으면 소화도 잘 되고 피로가 없습니다. 하루 한 잔씩 뜨거운 물에 타서 마시면 참 좋습니다. 우리네 차는 별 맛이 없지만, 이 커피는 맛을 들이면 자꾸 생각납니다. 이 하얀 가루도 같은 양으로 넣고 설탕도 아마 같은 양으로 넣으면 될 것 같습니다. 입에 안 맞으면 적당히 구미에 맞게 타서 드세요. 아주 그만입니다." 하고 설명을 해주었다.

"장에 가면 큰 상점이나 점방에서 얼마든지 살 수 있습니다."

그때부터 우리 동네는 커피가 들어왔고 막걸리를 즐겨 마시던 사람들은 차츰 커피로 익숙해갔다.

장날이면 주막을 전전하던 중년 남자들은 커피맛에 빠져들어 일찍 귀가했고 불화가 끊이지 않던 집은 담을 넘는 목소리가 줄어들었다. 어머니는 “세상에 이런 맛이 워디 있다냐? 거참 희한하네. 임철규가 우리 동네 장군이여 장군, 작오로 사람은 공부를 해야혀” 어머니의 임철규 사랑은 대단했다.

우리 집안은 선조 때부터 옹달샘에 생을 걸고 한 점 부끄럼 없이 살아왔다. 새우젓 장수나 방물장수 비단장수가 오면 어머니는 제일 먼저 물부터 끓인다. 거기에 커피 몇 스푼을 넣고 찬물을 붓고 타서 냉커피를 만든다.

그리고 임철규의 성공스토리를 마치 당신 자식인 양 털어놓았다. 어느 핸가 동네에 장티푸스가 그의 부모님을 세상 밖으로 내쳤다. 그는 졸지에 고아가 되어 동생 셋과 함께 작은집으로 생을 옮겨왔다.

숙모는 어린 조카들을 성심껏 키웠고 그중에 장조카인 임철규는 머리가 비상해 마을을 대표하고 학교를 대표하고 면과 읍을 대표하는 신동으로 부상했다.

그러기에 힘들지만, 숙모는 조카의 능력을 방치할 수 없어서 자기자식 팔 남매를 제쳐놓고 조카에게 매달렸다.

그래서 지금의 자리까지 온 것이라고 어머니의 신나는 칭찬 이야기는 끝이 없었다.

여름날 벌겋게 달아오른 몸으로 집집이 다니다가 건네받은 냉커피 한 잔과 성공 이야기는 듣는 사람들에게 충분한 피서가 되었을 것이다. 짐을 풀게 하고 찬은 없지만, 정성껏 저녁밥을 차리고 잠을 재워 보냈다.

우리 동네에 오기만 하면 그들은 우리 집에서 묵어갔고 갈 때는 팔던 물건을 주고 고맙다고 몇 번이고 인사를 하고 갔다.

봄이면 아카시아 꽃잎이 수영을 하고 송홧가루가 원두커피에 프림을 푼 듯했지만 한 번도 더럽다거나 언짢게 생각하지 않았고 약수처럼 먹었다. 개구리 물방개도 세들어 살고 소금쟁이와 물잠자리도 하루가 멀다 하고 마실을 왔다. 별님 같은 꼬마리꽃이 피면 벌과 나비도 하루 묵어갈 곳 없을까 기웃대는 곳, 함지박만 한 샘이지만 바닥엔 편편한 돌이 깔려있고 맑은 물이 쉼 없이 흘렀다. 가물어도 장마가 져도 항상 그 양을 간직하는 샘물, 노루와 산토끼도 목마르면 내려와 주둥이 쿡 박고 먹고 가는 샘물, 그렇게 우리는 동물과 식물 곤충까지도 한 가족처럼 같은 샘물 먹는 것을 거부하지 않았다.

어느 해인지 홍역이 돌아 아랫마을엔 집집이 아이가 죽어 나갔다. 그런데 이 옹달샘을 먹는 네 집은 한 명도 아이를 보내지 않았다. 어머니는 방금 아이를 묻고 온 부부를 불러서 커피 한 잔을 건

내고 그들의 마음을 쓰다듬었다. 자식은 잘 두면 천하에 보배요, 못 두면 애물단지다. 가슴을 쥐어짜는 아픔을 누를 길 없는 그들은 커피 한잔에 죽은 자식은 내 자식 아니라며 이내 마음을 추스르고 평상을 되찾았다. 어머니는 상갓집에 다녀오거나 닭 한 마리를 잡아도 꼭 샘물에 아무 탈 없이 해 달라는 기도를 드렸다. 그리고 밤에 꿈자리가 사나워도 샘을 깨끗이 치고 지성을 드렸다. 이것은 자연을 거역지 않고 가족을 지키는 첫 번째 어머니상일 것이다. 덕분에 할아버지 할머니 아버지 어머니는 약과 병원을 모르고 구순을 넘기고 세상을 뜨셨다. 우리 형제들 아직 모두 건강하다.

여명이 트면 올케언니는 물부터 이고 와야 부엌일이 시작되었다. 겨울에는 앞머리에 고드름이 열리고 손이 뻣뻣이 어는 고생을 감수했다. 그러기에 세수한 물도 모아서 걸레를 빨고 빨래를 치대고 신발을 씻고 마지막엔 거름에다 부었다. 하수구가 따로 없었고 하수구로 흘러들 하수도 없었다. 그러니 밤이면 냇가엔 올갱이와 가재들의 세상, 모두가 유기농이며 친환경 농법이었다. 가을이면 메뚜기가 지천으로 뛰고 홍삼 녹용을 먹지 않아도 건강했다.

도시로 이사 와서 생전 처음 수도라는 것을 알았고 꼭지만 틀면 수직으로 내려꽂히는 물줄기가 신기했다. 힘들이지 않고 쏟아지는 물이니 자연 헤프게 쓰게 되었다. 편해서 좋지만 이러다가는 물이 동나서 사 먹는 일이 생겨나지 않을까 염려했다. 재래식 농경사회에서 집안 곳곳 건물 곳곳에 수도가 박혀있는 도시화로 변하면서 내 염려가 사실이 되었다. 마트나 슈퍼에서 공공연히 물을 팔고 있다. 수입물까지 우리물과 경쟁을 하니 정말 곡할 노릇이다.

고향친구들과 등산을 가면 전부 물을 사 가지고 온다. 나는 물을 끓여서 보온병에 담아간다. 산등성이 올라 시원한 바람을 맞으며 커피 한 잔 나누는 것이 제일의 행복으로 여긴다. 물은 만물을 관장하는 생명수다. 우리 모두 물로서 태어났고 물로서 성장하며 살아간다. 옛날같이 물을 길어먹지 않는 것만으로도 충분히 호강하며 누리고 산다. 누리는 만큼 아껴야 하는 대가는 필히 치러야 할 것이다.

일년에 한 두 번씩 고향엘 간다. 내 친정의 잔뼈를 굵혔고 생명을 이어온 샘물은 그대로인데 샘물 먹던 사람들 다 어디 가고 주변엔 잡초와 이끼만 푸른색을 더 한다. 맑은 냇물은 농약으로 퍼렇고 메뚜기 가재가 멸종되었다. 솜털 송송 하던 올케언니는 칠순 할머니 되어 어기적어기적 고갯마루 오르고 서녘 하늘에 저녁종 울리던 태양은 혈압 올라 붉다.

유 제 범

· 한국전력공사 정년퇴직
· 분당근교에서 소규모 영농
· 서울디지털대학교 문예창작과 졸업
· 서정문학, 계간문예 등단
· 한국문인협회 회원
· 경기수필가협회 회원
· e-ran812@hanmail.net

No.444

집 전화를 철거하며

No.444

문서 파일을 정리하다 보니 특이한 번호 하나가 눈에 들어온다. 444번. 지난 십몇 년 동안 써온 글의 일련번호다. 흔해 빠진 상하나 받지도 못한 부질없는 신변잡기가 쓸데없이 많다. 학교에서나 사회에서나 상은 고사하고 검토대상에 오르지도 못하는 처량한 신세인 걸 알면서도…. 『폭풍의 언덕』 원고를 싸 들고 출판사를 전전하며 출간 구걸을 했다는 에밀리 브론테가 생각난다.

흔히 보는 번호지만, 유난히 내 눈길을 끄는 것은 어린 나의 가슴을 옥죄던 아련한 추억이 있기 때문이다. 그게 중학교 삼 학년 때의 일이니 반세기가 넘은 아득한 옛일이다. 고등학교 입학원서를 내고 받은 수험번호가 '444' 다. 열여섯 어린 나이에 처음으로 마주친 아주 고약한 번호였다. 담임 선생님과 아버지의 하향안전지

원 권유를 애써 뿌리치고 과한 목표를 세워서인지 불안하기 짝이 없었다. 이제 와 생각하면 '4' 자란 것이 그저 사람들의 선입견 내지는 우연에 불과한 것일 수도 있건만, 당시 어린 나의 입장은 달랐다. 귀동냥으로 들은 불길한 숫자가 하나도 아닌 세 개가 겹쳤으니….

집에 돌아와 수험표를 아버지께 보여 드리고, 아주 불안하다고 말씀드리니, 아버지는 껄껄 웃으시면서

"별소릴 다 한다. 이 녀석아. 다 쓸데없는 소리다. 나쁘다는 숫자가 삼세 번 겹치니 오히려 행운일 수도 있다. 그런 걸 전화위복이라고 한단다. 며칠 남지 않았으니 괜한 신경 쓰지 말고 마지막 정리나 열심히 하렴. 중요한 건 한 문제도 포기하지 말고 성심껏 푸는 것이다."

라고 말씀하신다. 사실 아버지도 걱정되지만 내색하지 않고 위로차 하신 말씀이란 건 저세상으로 가신 얼마 후에야 알았다. 나에게 목표를 높여 지원하라고 늘 권하시던 재종형님도 이튿날 만나니 그러신다. 그리고 학교에서 담임 선생님을 뵈었을 때도 그리 말씀하셨지만, 내 고집을 꺾지 못해서 그러신지 살짝 표정이 어두워 보였다. 여하튼 아버지를 비롯하여 정신적 지주였던 분들의 말씀에 다소 안심이 되니 마지막 피치를 올린다. '4' 하나는 이기지 못해도 '4' 세 개는 이길 수 있다는 가당찮은 자신감이 생겼기 때문

이다.

결과 발표가 있던 날 두려워 감히 가지 못했다. 이제나 그제나 나는 겁쟁이고 가슴은 콩알만 하다. 집안 형이 먼저 보고 알려주니, 그제야 달려가 게시판에 세로쓰기로 멋들어지게 한자로 쓰여 있던 '444' 와 이름을 바라보았다. 사실 지방 도시의 무명 학교지만, 내게는 서울의 명문에나 합격한 듯한 감격이었다. 역시 세상일은 절대치보다 상대치가 더 중요할 수도 있다.

나의 염려가 지금에선 참 우습기도 하지만, 이런 일은 동서고금을 막론하고 많다. 우리나라나 중국과 일본인은 '4' 자를 사死와 연관시켜 꺼리지만, 서양인들이나 이슬람에서는 오히려 반기기도 한단다. 그리고 서양인들은 '13' 을 퍽 싫어한다. 더욱이 13일의 금요일은 대흉일로 인식한다는데, 우리의 '4' 자에 대한 편견보다 근거가 분명하다.

그럼에도 우리의 '4' 자에 대한 터부는 사실 흔하다. 건물이나 아파트에 '4' 층이 없어 헷갈리고, 군부대도 '4' 는 피하는 경우가 많다. 하다못해 첨단과학의 총아인 아리랑위성도 4호는 없다니 '4'에 대한 푸대접은 참 대단하다. 과학이 지배하는 세상이 되었어도 이러하니 참 우습다. 하긴 어찌 보면 우습게 볼 일이 아닌지도 모르겠다. 그러니 지금보다 훨씬 어두운 시절의 어린 내가 그런 생각을 하는 것도 무리는 아닐까 싶다.

반대로 아주 좋아하는 숫자도 있으니, 우리가 그토록 싫어하는 '4'를 서양 사람들은 오히려 행운의 숫자로 취급하는 경우도 있다. 아마 나폴레옹의 '네 잎 클로버 행운설' 때문이기도 하고, 기하학적 안정성 때문이기도 하단다. 또 중국 사람들은 '8'자를 매우 좋아하는데, 사주팔자의 글자 수가 여덟이고, 석가탄신일이 8일이니 고대로부터 내려온 전통적 의식에 바탕을 둔다고 한다. 거기에 팔八의 발음이 돈을 번다는 의미의 발发의 발음과 비슷하여 '8'을 매우 좋아한다고 한다. 북경올림픽이 2008년 8월 8일 저녁 8시에 개막되었다고 하니 중국인들의 '8'자에 대한 집착은 혀를 내두를만 하다.

그러나 서양 사람들이 lucky seven이라고 하는 '7' 매우 싫어한다고 한다. 특히 여성들의 경우가 더 그렇단다. 7세면 성징이 나타나니 남녀칠세부동석이요, 14세쯤 초경, 7일이 네 번 반복할 때마다 경도, 7년이 7번 반복된 49세에 폐경에 이르니, 7을 아주 재수 없는 숫자로 인식한다고 한다. 한데 가만 보면 과학적 근거도 제법 있으니 무조건 배척할 일만은 아닌가 보다. 사대주의에 물들어 중국을 하늘같이 떠받들던 우리나라에 이런 풍습이 없으니 한편은 아이러니하다.

세상일이 행운의 숫자에 환호하고 싫어하는 숫자를 배격한다고 불행을 멀리하고 행운을 가까이할 수 있다면 오죽 좋으랴. 원효대

사의 일체유심조가 그저 헛말은 아니리라.

시험은 참 좋다. 특히 가진 것이 없는 '흙수저' 에게는 필기시험만큼 믿음직한 제도도 없다. 근래 신문에서 '노력의 배반' 이라는 기사를 보았지만, 얼마 전에는 전교 400등을 하던 학생이 각고의 노력 끝에 서울대학교에 입학했다는 기사도 보았다. 전자는 비리가 많은 기업체 입사시험에서 제아무리 노력해도 성과가 없음을 이름이니, 무와불입지無蛙不立志의 한탄이리라. 안타까운 일이지만, 다 그런 것은 아니니 그저 읽고 지날 일이다.

사회는 온갖 시험의 도가니다. 객관성이 보장되기 어려운 시험도 천지다. 결국, 무와無蛙의 '흙수저' 에게는 필기시험만이 살길일지도 모르겠다. 정부 시행 각종 고시처럼……. 어린 날 '444건' 이후 그런 생각을 갖고 산다. 지금은 개천에서 용 나는 시대가 아니라는 비아냥거림을 모르지 않지만, 그러나 최근에 들은 '쌍둥이 자매 전교 문·이과 동시 1등' 의 사건은 이마저도 부정하게 만드니 차라리 서글프다. 모든 사람이 믿는 필기시험에 그런 부정을 저지르다니 '열 사람이 도둑 하나 막기 어렵다' 는 옛말이 딱 맞는다.

어린 날의 일이지만 순번 '444' 에 불현듯 옛 추억이 떠올라 몇 자 적어 본다. 며칠 있으면 또 대학입시가, 또 이후에는 특수목적 중고등학교 입학시험이 치러진다. 부디 수험생들 모두 부질없는 생각은 멀리하고 열심히 노력한 만큼의 행복을 누렸으면 참 좋겠다.

집 전화를 철거하며

얼마 전 아내가 "이제 집 전화는 없앨까. 통화할 일도 없고, 연락은 모두 휴대전화로 하니 필요 없어요."

"그럴까. 하긴 내 생각도 그래요. 전화국에 한 번 가 봐야지"

그리 얘기를 한 지가 벌써 한참 되었지만, 막상 끊으려니 아쉬운 생각도 있어 미적미적하다 오늘에서야 전화국 문을 들어선다. 사실 오늘도 일부러 온 건 아니고, 지나는 길에 간판을 보았기 때문이다. 하긴 집 전화를 없앤 사람도 제법 많다. 젊은 사람들은 아예 놓을 생각도 않는다. 문을 들어서면서 혹여 전화국 측에서 해지신청을 서운해하며 만류하는 것은 아닐까, 그렇다면 무슨 이유를 댈까 하며 서비스 창구 앞으로 다가간다.

"집 전화를 해지하고 싶은데, 가능합니까?"

“예, 사유를 무엇이라 할까요.”

“휴대전화를 식구마다 하나씩 가지고 있으니 쓸 일이 별로 없어서요.”

“예, 저도 그렇습니다. 국선 전화는 저희 집에도 없습니다.”

담당 직원은 의외로 담담하게 말한다. 오히려 나에게 잘 생각했다고 말하는 듯하다. 몇 가지를 간단히 기록하고 전산처리를 하더니, 30분 후면 전화가 단절될 것이며, 요금은 일할 계산하여 청구될 것이라 한다. 그는 돌아서는 나에게 의미를 알 수 없는 “감사합니다. 안녕히 가세요.”까지 덧붙인다. 한 사람의 고객이라도 붙잡는 것이 기업의 경영방침이요, 영업사원의 책무일진데 무엇이 감사하다는 것인지 헷갈린다. 하긴 이제는 수요도 많지 않은 가정의 전화는 전화회사 측에서 보면 이미 계륵 신세일지도 모른다.

하루가 지나 오늘 아침 수화기를 들어 귀에 대니 개미 소리도 없다. 혹시 몰라 안방 것도 들어 보니 역시 정적만 감돈다. ‘정말 끊어졌구나’ 생각하며 코드를 뽑아 내다 버릴 준비를 하려니, 여러 생각이 겹쳐 떠오른다.

벨이란 미국인이 백여 년 전에 전화기를 발명한 이래 70년대 중반까지도 우리의 가정이나 회사 등에서 전화는 첨단 문명의 총아였다. 잘 사는 가정에는 다이얼이 달린 예쁜 전화기가 가보처럼 귀한 자리를 차지하고 있었다. 더욱이 고가에 사고팔 수 있는 백색전화란 것이 있어 중요한 재산목록의 하나라는 얘기를 듣기도 했다. 그런 전화기를 감히 가져 본 적은 없지만, 80년대 중반 들어 우리 집에도 빨간색 전화기를 곱게 모셔 들였다. 문갑 위에다 아내가 정성 들여 만든 받침을 놓고 올려놓으니 금이야 옥이야 귀한 대접을 했었다. 송수화기의 손잡이에도 색깔도 예쁜 보호대를 채워 주는 것을 잊지 않았고 수시로 먼지를 닦아 주기도 했던 추억이 있다.

주변 사람들이 대체로 그랬지만, 집으로 전화할 일이 생기면 만사를 제쳐 놓았고, 아내는 걸려온 전화를 못 받을까 외출을 자제하기도 했더란다. 사실 가장 기억에 남는 것은 아파트 당첨 소식을 아내에게 알리러 공중전화로 달려가던 때이리라. 어떤 어른들은 온종일 기다려도 전화가 오지 않으면 가족에게 전화 좀 해 달라고 요청하는 웃지 못할 일도 있었단다. 지금 생각하면 호랑이 담배 태우던 시절의 얘기 같지만, 사실 불과 삼사십여 년 전의 얘기다.

회사도 그랬다. 70년대 초반만 해도 열서너 명이 근무하는 과에 겨우 한두 대씩이 있었을 뿐이니, 나 같은 병아리 사원들은 전화를 받기도 걸기도 오금이 저렸다. 혹시 통화할 일이 있어도 지엄하신 과장님 계장님 책상에 있는 것이니만큼 눈치가 보여 짤막하게 통화를 하지 않을 수 없었으니, 그것은 여럿이 쓰는 것이라 어쩔 수 없었다. 그래도 간혹 길게 통화를 하는 사람이 있으면 예외 없이 과장님이 눈살을 찌푸리니 본인이야 통화에 몰두해 모른다지만, 주변의 동료까지도 괜히 좌불안석이 되기도 했었다. 「통화는 짧게, 용건만 간단히」란 구호가 그래서 생긴 것이 아닌지 모르겠다.

그런 전화기가 80년대 이후 급속도로 늘어나니 전화 없는 집이 없고, 덩달아 전화 수다가 곳곳에서 시도 때도 없이 시작되었다. 자연히 동네 사랑방 마실은 줄고, 친척이나 친구를 방문할 일도 전화로 대체하기도 하니, 정 없는 사회를 만든 원흉의 하나라고 지적하는 사람도 있다. 어쨌거나 비싼 전화 요금도, 정부의 전화 예절 홍보도 아랑곳하지 않고 한 번 붙들면 30분은 보통이고 한 시간도 마다하지 않는 일이 비일비재했다. 어쩌다 집으로 전화하면 마냥 울리는 "뚜 뚜 뚜" 신호에 짜증을 내는 동료도 종종 보았다. 하긴 그런 전화 수다는 요금이 한참 비싸진 요즘도 많다.

그런 집 전화가 서서히 기가 막힌 문명의 결정체인 휴대전화에 밀려나기 시작하더니, 어느새 이 휴대폰은 안 가진 사람이 없다. 근래는 초등학교 어린이까지 들고 다니니 상전벽해가 따로 없다. 그나마 이 휴대전화는 스마트폰으로 거의 바뀌니 이것은 전화 기능만 가진 것이 아니다. 손안에 든 크기만 작은 만능 컴퓨터이며 티브이며 게임기며 카메라다. 이것이 밀어낸 것은 집 전화뿐 아니라 컴퓨터와 게임기 음악재생장치 카메라 하다못해 손전등까지도 모두 쓸모없는 존재로 전락시키고 말았다. 보고 싶은 책도 신문도 얼마든지 읽을 수 있으니 두꺼운 책이나 신문을 들고 다닐 필요도 없다. 한때는 이것들이 없다고 한하는 사람도 많았는데, 이젠 스마트폰 하나만 있으면 만사형통이다. 전철 안의 앉은 사람이나 서 있는 사람이나 하나같이 들여다보고 있는 것이 스마트폰이니 과연 이름값을 톡톡히 한다.

문명이 빛의 속도로 발달하니 얼떨떨하기도 하고, 과연 꼭 필요한지 반문하며 옛것을 고집하는 노년도 간혹 있긴 하다. 그래도 폴더 폰 하나는 가지고 있으니, 사실 천천히 따라가겠다는 것일 뿐이지 전혀 도외시하는 것은 아닌가 보다. 과연 최소한의 동참은 불가피하리라. 그렇지 않으면 자칫 문맹이 될까 염려된다.

여하튼 그렇게 애지중지하던 집 전화가 회사나 업소와는 다르게 쓸모가 없어졌다. 아내와 단둘이 사는 집에 각자 휴대전화를 하나씩 가지고 있으니 전화를 걸어도 거실 한가운데로 가서 유선전화로 거는 일은 거의 없다. 한때는 공중전화 부스 앞에서 휴대전화를 거는 사람들을 손가락질하는 보도도 있었다. 우리는 덩달아 흉을 보았다. '너희도 머지않아 그리할 것이다' 라고 위에 계신 분이 비웃건 말건. 여하튼 그래도 가끔 아주 가끔은 신호가 울리니 그것의 필요성을 아주 부인하지는 않았지만, 부질없이 기본요금만 낭비하고 있다는 것을 눈치를 챈 것은 아내가 먼저다.

시대가 변하니 어쩔 수 없다. 한때는 사랑을 듬뿍 받았건만, 찬밥 신세로 전락한 것이 어디 한둘이랴. 그나저나 이리도 빠르게 변하면, 이 시대의 총아 스마트폰은 장차 어찌 될까. 아마 지갑 속에 작고 얇은 신용카드 같은 걸 한 장만 넣으면 다 되는 때가 곧 오지 않을까. 그도 아니면 SF영화에서 같이 몸속에 작은 칩 하나만 심어 놓으면 되는 시대가 올까. 물론 화면은 홀로그램 등으로 보고, 거는 것은 말로하고... 한 삼십여 년 후 청소년들에게 예전엔 이삼백 그램은 나가는 무거운 스마트폰을 들고 다녔다고 얘기하면, 어떻게 그럴 수가 있느냐고 웃을지도 모르겠다.

윤 송 석

· 서정문학 수필부문 등단
· 한울문학 시부문 등단
· 한국방송통신대학교 국문과 졸업
· 소설: 『개팔자 상팔자』, 『슬픈비밀』
· 수필: 『짭짤하고 성스러운 55가지 이야기』
· yunsongsuk@hanmail.net

김밥나라 아주머니

아파트 경비원의 근무 자세

김밥나라 아주머니

1

서울의 J동 아파트 경비원으로 근무할 때 이야기이다.

근무 첫날 점심시간이 되어서 선배 경비원이 추천해준 식당(김밥나라)으로 갔다.

"김밥 두 줄 주세요."

나보다 한발 앞서 식당에 들어간 여자가 먼저 주문했다. 김밥은 금방 포장되었고, 그 여자가 5천 원을 주자 아주머니가 2천 원을 거슬러주었다. 여기서부터 식당 아주머니와 여자 손님의 이야기가 줄다리기를 했다.

"하나에 2천 원인데 왜 3천 원만 받아요?"

"1,000원 깎아드린 거예요."

"원래 1,500원씩 하는 거 아니에요?"

"메뉴판 보세요. 2,000원씩입니다."

여자 손님이 밖으로 나간 뒤에 식당 아주머니가 투덜거렸다.

"여자들은 말이 많아. 짜증 나. 나도 여자이지만 여자들은 하여튼 말이 많아. 깎아주면 고맙다고 하면 될 것을, 왜 깎아주느냐? 비싸면 왜 비싸냐? 이 동네 젊은 여자들, 싸가지가 없고 정말 재수없어."

나는 된장찌개를 시키면서 김밥 두 줄을 포장해 달라고 했다. 밥을 먹고 있는데 김밥을 포장해서 주기에 주머니에서 돈을 꺼내려고 하자,

아주머니가 "나중에 주세요." 하는 것이었다.

나는 "잊어버릴까 봐서요." 했더니,

아주머니 하는 말이 "우리 사이에 잊어버리면 어때요." 한다.

순간적으로 나는 "우리 사이에?" 하면서 아주머니 얼굴을 쳐다봤다.

내 말이 떨어지기가 바쁘게 아주머니는 냉큼 "우리 사이 조또 아닌 사이에요. 하하하…." 하면서 마구 웃는 것이었다.

2

〈김밥나라〉에는 항상 그 아주머니 혼자 일하고 있었다. 이날은

추석 연휴 첫날이었다. 나는 알뜰장에서 송편 2킬로그램을 사 가지고 절반 정도를 비닐에 담아가지고 식당으로 갔다. 육개장을 주문하고 앉아있는데, 갑자기 손님 몇 명이 들이닥쳤다. 한 손님이 참치김밥 1줄, 원조김밥 1줄, 치즈김밥 1줄을 주문했고, 다른 손님이 오뎅 5인분, 김밥 7줄, 세 번째 손님이 김밥 2줄을 주문했다.

"요즈음 여자들은 추석이나 주말에는 10만 원을 준다고 해도 일하지 않아요."

한꺼번에 들어온 손님들이 다 나가자 아주머니는 나를 보면서 하소연을 했다. 나는 가지고 간 송편을 아주머니 앞에 내밀었다.

"뭐 하려고 이런 걸 사 가지고 왔어요? 돈 벌기가 얼마나 힘든데…"

아주머니는 아파트경비원의 생활을 안타까워한 것인지, 뜻밖의 선물이라 그런 것인지 짠한 표정으로 한 마디 하는 것이었다.

"오늘 알뜰장이 서는 날이에요. 그냥 주더라고요."

아주머니가 부담 가질까 봐 거짓말을 했다.

"그냥 줬어요?"

깜짝 놀란 눈으로 나를 보고 되물었다.

"그냥 주겠어요? 사 가지고 왔어요."

나는 이실직고를 했다.

"우리 식당에서 음식을 팔아 주시니 내가 갖다 드려야 하는데 왜 사 와요? 나는 드릴 것도 없는데, 아참! 언제 내가 가지고 있는 거나 드릴까요. 하하하…."

그녀는 김밥을 말면서 대충 하는 말 속에 진한 음담패설이 흘러나왔다.

"유머도 풍부하시네요."

"온종일 일하는데 실없는 농담이라도 하지 않으면 미쳐버리죠."

"몇 시부터 몇 시까지 일하세요?"

"새벽 4시에 나와서 밤 12시까지 일해요. 24시간 중에 20시간을 일해요. 지겨워 죽겠어요."

"체력이 강철이시네요."

"그러니까 손님이 없는 시간에는 꾸벅꾸벅 졸아요."

나는 혼자 허덕이는 아주머니의 모습이 안쓰러워서 손님들이 먹고 간 테이블 위의 빈 그릇을 주방 입구에 갖다 놓았다.

"육개장하고 김밥 두 줄, 얼마예요?"

나는 만 원짜리 지폐를 내밀었다. 아주머니는 돈을 받더니 아주 빠른 동작으로 내 주머니에 찔러주면서 "빨리 가세요." 하면서 내 등을 떠밀었다.

3

추적추적 비가 내려서 나는 우산을 쓰고 김밥나라에 갔다. 식당

안으로 들어가면서 우산을 접고 자리에 앉으려고 하자 아주머니가 하는 말,

"입구에 있는 통에다 꽂으세요. 남자는 꽂는 걸 잘해야지. 잘 꽂아 봐요."

아주머니는 대수롭지 않게 나에게 말했는데, 마침 라면을 먹고 있던 할머니 손님이 아주머니와 내 눈치를 살피다 웃으면서 한 마디 했다.

"하하하. 그래! 남자는 꽂는 걸 잘해야지 암. 그런데 농담도 그렇게 잘하우?"

"밤낮 존 나게 일만 하는데 이런 말이라도 지껄이지 않으면 죽을 것 같아요. 하하하."

할머니가 라면을 다 드셨는지 아주머니를 바라보며 물었다.

"그런데 왜 그렇게 살이 빠졌어요?"

"다이어트 중이에요. 사실은 잠도 못 자고, 입맛도 없고, 일에 시달리다 보니 살이 빠져서 바지가 자꾸 내려가네요."

아주머니는 헐렁한 바지 허리춤을 더욱 늘리며 말했다.

"나는 저녁 9시에 자는데, 허리가 아파 죽겠어."

할머니의 호강에 초치는 신세타령이 시작되었다.

"뭘 그렇게 빨리 주무세요. 할아버지랑 '쎄쎄쎄' 라도 하시지!"

"그런 재미라도 있는 영감탱이라면 내가 말도 안 해. 멋대가리

없는 영감탱이."

"아, 쎄쎄쎄 하는데 뭐 그리 어려워요? 불 끄고 하면 되는걸. 하하하."

아주머니가 말하는 '쎄쎄쎄'는 밤에 불을 끄고 하는 부부 관계를 의미하는 듯했다.

그런데 아주머니가 그 할머니한테 뜬금없는 말을 했다.

"이 사람이랑 앞으로 결혼할 거예요."

아주머니는 나를 가리키면서 실없는 소리를 하는 것이었다.

"남편이 있으면서 무슨 소리요?"

"아, 골라 먹는 재미라도 있어야 살지요. 하하하."

숫제 두 사람이 나를 가지고 놀고 있었다. 나는 그녀들의 대화가 맘에 안 들어서 화제를 돌리려고 말을 꺼냈다.

"아주머니는 손동작도 아주 빠르지만, 음식솜씨도 좋으세요."

"얼굴이 예쁜 여자는 음식솜씨도 좋은 거예요."

아주머니의 넉살은 어느 경지에 이른 것처럼 태연했다.

"얼굴 예쁜 것만도 어딘데 음식솜씨까지 좋으시니 참 대단하십니다."

그녀에 질세라 나도 마음에도 없는 아부를 떨었다.

"그러니까 환장들 하지. 하하하."

김밥나라에 갈 때마다 아주머니는 허물없이 화답했다. 경비원차림으로 드나들어서 그랬는지, 나의 인상이 수더분해서 그랬는지 알 수는 없지만, 그 식당에 간 첫날부터 십년지기나 된 것처럼 스스럼없이 대해주던 김밥나라 아주머니. 지금도 김밥을 보면 유쾌하게 나를 당황시키던 그녀의 입담이 생각나곤 한다.

아파트 경비원의 근무 자세

1

교대하는 시간이 되었다. 나는 옷을 갈아입고 다음 근무자가 오기를 기다렸다.

"임무 교대하기 전에 경비 제복을 갈아입는 것은 안 됩니다. 임무교대를 한 다음에 옷을 갈아입어야죠. 만약에 다음 출근자가 '관제실'에 간 사이에 아파트 주민의 호출이 있거나, 화재가 발생하면 바로 출동해야 하는데 옷을 갈아입고 있으면 되겠어요? 그 모습을 주민이 본다면 분명히 민원이 들어갈 수 있어요."

아파트경비원 대선배의 훈화였다. 그가 '관제실'에 가서 출근부에 사인을 하고 경비일지를 가지고 근무초소에 들어오는데, 나는 평상복차림으로 갈아입고 있었던 것이다. 그의 말이 백번 옳았다.

나는 주의 깊게 들었고 절대 공감했다.

그는 처음부터 나를 철저히 교육했다. 담당 동 주변 청소하는 것부터 음식물통 관리, 쓰레기장 청소, 특히 초소의 택배를 내줄 때는 몇 동 몇 호에 사는 사람인지 확인하고 택배기사의 기록을 보고 찾아가는 사람의 사인을 꼭 받아야 한다는 것. 근무 시간에 음주하면 바로 징계조치 된다는 것. 세대에 전입 차량이 들어오면 그들이 말하는 세대에 가서 확인하고, 전출세대의 경우 반출증(휴대전화번호 등)을 반드시 받아야 한다는 것. 이사 차량이 나갈 때는 지키고 서 있다가 폐기물을 버리고 가지 않도록 해야 한다는 것. 또 전입 전출 시 승강기를 사용할 것인지, 사다리차를 사용할 것인지 확인하고, 승강기를 사용할 때는 보호대를 깐 다음에 사용하도록 한다는 것. 엘리베이터 사용료는 관제실에서 징수한다는 것 등등.

또 그는 잠자리 문제도 교육했다. 경비원은 휴게시간에 경비실 바닥에서 자면 안 된다는 것. 기본으로 점심식사, 저녁식사 시간 1시간, 밤에 3시간 휴게시간이 있다. 특히 밤에 허용되는 3시간의 휴게시간은 경비원이 잠을 자는데 의자를 침대로 활용해 수면을 취해야 한다는 것. 경비실은 밤에도 소등해서는 안 된다는 것.

그리고 폐기물 무단배출은 아파트 경비원에게 큰 스트레스이다. 스티커를 부착하지 않은 폐기물이 발견되면 통합관제소에 CCTV

판독을 의뢰한다는 것. 그 증거를 가지고 세대에 방문해 폐기물 배출한 것을 인정받아서 스티커 비용을 받아내야 한다는 것. 무단 배출한 주민을 찾지 못하면 폐기물 비용을 경비원이 지불해야 한다는 것.

경비원 대선배의 모범생활에 나는 간단없이 감동했다. 그러던 어느 날 그의 모순된 언행에 나는 큰 충격을 받았다.

"아파트에서는 일체 무엇인가를 팔게 돼 있지 않아요. 그러나 컴퓨터 본체나 모니터 그리고 노트북이 나오면 경비실에 아무도 모르게 갖다 놓으세요. 그걸 팔아서 같이 나눕시다. 그게 쏠쏠한 용돈이 돼요."

그간 그는 엄격한 경비철학을 논하며 먹고 자고 근무하는 모든 면에서 나를 완벽하게 교육했다. 그러나 불법으로 챙기는 돈 몇 푼 때문에 여태 구구절절 설파해온 그의 철통같은 경비철학은 한순간에 개똥철학이 되어 버렸다.

2

저녁 무렵 관제실 직원이 제6 초소에 나타났다. 제6 초소 경비원의 연락을 받고 달려온 것이다. 도롯가에 승용차 한 대가 주차돼 있었다. 차 안에는 아가씨가 술이 떡이 돼 누워있었다. 미모의 아가씨! 누워있는 모습이 한눈에 들어왔다. 운전석에 누워서 오른

쪽 차 문을 열어놓은 채 거기에 두 발을 걸치고 있었다. 도로변에 주차돼 있기 때문에 수시로 오가는 차량과 사고가 발생할 위험이 예상되는 상황이었다.

관제실 직원이 난감한 표정을 지으며 팀장에게 보고했다. 위험한 상태라서 지상주차장으로 이동해 위험요인을 줄이면 좋겠다는 의견을 제시했으나 팀장은 그대로 두는 게 좋겠다고 했다.

요즈음엔 잘못했다간 범죄자 누명을 뒤집어쓰기 십상이다. 생각해서 기껏 도와줬다가 봉변을 당하느니 일단 경비원이 수시로 관찰하고 확인하면서 주시하기로 했다. 결국, 관제실 직원이 물었다.

"아가씨! 어디로 갈 거예요?"

"청량리요."

그녀의 입에서 "청량리"라는 단어가 나오는 순간 직원은 더 말을 잇지 못하고 물러섰다.

취한 채 운전석에 누워있는 그녀의 얼굴을 살짝 훑어봤다. 준수한 미녀였다. 그녀의 가슴 부분에서 숨이 턱 막혔다. 봉긋 솟아오른 가슴이 탐스럽게 보였다. 물론 브래지어가 예술적 감각을 되살리고 여성스러움을 더욱 돋보이게 한다 하더라도 얼굴과 대비해 볼 때 우월한 몸매의 소유자였다. 그러나 무방비 상태로 늘어져 있는 모습은 아름답지 않았다. 결국 관제실 직원은 그녀를 팀장의 지시대로 그냥 놔두기로 했다. 그가 문득 생각난 듯 나와 6초소 경비원에게 말했다.

"아저씨들! 혹시 10대 청소년들이 아파트단지 내에서 담배를 피우거나 소란을 피울 때 조심하셔야 합니다. 며칠 전 인터넷 뉴스에 이런 기사가 떴거든요.

어떤 경비원 아저씨가 10대 남녀 청소년이 어울려있는데 남자아이가 담배를 피우니까 "너 거기서 담배 피우지 마"라고 했는데 여자아이가 112에 신고를 했대요. 여자아이가 경찰서에서 경비아저씨가 자기 가슴을 주무르고 성추행했다고 터무니없는 소리를 한 겁니다. 경비원 아저씨는 기가 막혔지만 그게 아니라고 했지만, 변명도 통하지 않은 거예요. 그래서 미성년자 성추행혐의를 뒤집어쓰게 되었거든요. 그러니까 청소년들이 담배를 피우거나 소란스럽게 하더라도 조심스럽게, 기분 나쁘지 않게 이야기해야 합니다. 절대 기분 나쁘지 않도록 하는 것이 중요합니다."

자식뻘 되는 십 대들에게 경비원들이 속수무책으로 당할 수밖에 없는 거북한 현실이다. 당돌한 십 대들의 농간에 뒤통수 맞는 일은 예삿일이고, 잘못하면 큰 봉변을 당할 수 있으니 조심하라고 했다.

3

오전 11시부터 최고참의 지도를 받으며 12초소 임*근 씨와 지하

주차장 제1 순찰코스를 돌고, 제2 순찰코스의 31번을 찍고 막 돌아서는데 40대 초반 주민이 차를 멈추더니 창문을 내리고 말을 걸었다. "관리소장을 만나고 싶은데 어디 있어요?"

최고참 뒤에 내가 있었고, 내 뒤에 임 경비원이 있었는데 그 주민은 임 경비원을 지목하면서 말했다.

"저 사람(임*근 씨) 일 좀 제대로 하도록 해 주세요. 지난번 관리소장을 만나 민원을 제기했는데 한 번만 봐 달라 해서 참았어요. 내가 열 받으면 가만히 있지 않을 거예요. 경비원이면 일을 제대로 해야 할 거 아니에요? 우리 회사 동료들이 나를 찾아오는데 오는 사람마다 하는 말이 "너희 아파트는 왜 그렇게 빡빡하냐? 좀 부드럽게 대해주면 좋겠다."고 해요."

말을 하다가 갑자기 주민이 차에서 내려와 우리 일행이 있는 데로 와서 임 경비원을 째려보며 대치하는 상황이 벌어졌다. 주민과 경비원이 서로 노려보는 상황이 되었다.

"아저씨, 일 좀 똑바로 하세요."

"내가 뭘? 무슨 일을 어쨌는데…."

"지난번에도 이랬어요. 경비원은 주민한테 그렇게 대하는 게 아니에요. 아저씨, 지금 나하고 싸우자는 거예요? 아저씨는 경비원이고 나는 주민입니다. 아저씨는 저기 헌병대나 군 초소 이런 데서 사람들을 가로막고 못 오게 하는데 그런 데 가서 일하세요. 아저씨는 아파트 경비원 하면 안 돼요."

주민이 트집을 잡는 핵심은 임 경비원의 표정과 자세에 있었다. 돋보기안경을 쓴 그는 안경 너머로 상대를 주시한다. 주민을 대할 때 안경 너머로 상대를 보는 것이, 마치 싸우려는 표정으로 보였던 것이다. 그것이 경비원 자신의 마음과는 상관없이 주민을 불쾌하게 했고, 싸움을 걸어온 주민의 기분을 심히 자극한 듯했다.

"내가 무슨 잘못을 했는지, 얘기해 봐요?"

"일 똑바로 하라고요."

"에이, 씨발! 나 경비원 안 해."

기분이 상한 경비원이 순찰 중 손에 들고 있던 것을 땅에 패대기를 치고 저만치 가고 있었다.

"야, 씨발놈아! 저런 새끼는 나 처음 본다."

주민의 입에서 육두문자가 나왔고, 그 말은 경비원 뒤통수에 그대로 꽂혔다. 저만치 가던 그가 육두문자를 듣고 되돌아왔다.

"그럼 내가 너한테 잘못했다고 이렇게 빌까?"

주민 앞에서 무릎을 꿇는 시늉을 하면서 임 경비원이 열을 올렸다. 그러다 두 사람이 몸으로 밀치는 상황으로 치달았다. 이때 주민이 발라당 넘어지는 것이었다. 살짝 부딪쳤을 뿐인데 두 번이나 뒤로 넘어지는 것이었다. 순식간에 벌어진 상황에서 '이것이 바로 할리우드 액션인가?' 하는 생각이 스쳤다.

"나를 쳤어. 아이고(가슴을 부여안으면서) 죽겠네."

최고참과 나는 두 사람의 행태를 그저 바라보고만 있었다. 그러다 주민이 임 경비원과 머리를 맞대고, 흡사 소싸움에서 머리를 맞대는 자세로 경비원을 몇 미터 뒤로 밀쳤다. 주민의 태도가 몹시 거칠었다. 두 사람은 격앙된 음성으로 소리를 질렀다. 그러다 경비원이 돌아서 갔다.

"잘 됐다. 여보! 관리실에 가서 신고해."

주민이 차 안에 있는 자신의 아내를 보면서 말하고, 차를 몰고 떠났다.

최고참과 나는 다시 지하주차장 순찰코스를 돌고 있는데, 최고참 핸드폰이 울렸다. 급히 관제실로 오라는 연락이었다.

임 경비원은 12초소에 오기 전에 정문초소에서 6개월간 방문차량 방문증을 발급하는 일을 했었다. 그때 주민과 그 회사 동료들이 임 경비원의 근무태도에 불만을 토로했고, 그것을 가슴에 담고 있었던 주민은 임 경비원을 혼내야겠다고 벼르고 있던 차에 우연히 지하주차장에서 만난 것이었다. 이때 임 경비원이 "앞으로 잘하겠습니다." 또는 "열심히 하겠습니다."라고 했으면 바로 해결될 수 있는 문제였다.

호출을 받은 최고참과 내가 관제소에 갔더니 경찰관 두 명이 조사를 하고 있었다. 경찰관 한 사람이 내게 물었다. "누가 먼저 때렸어요?” 싸움의 자초지종보다 중요한 것은 누가 먼저 때렸느냐에 있었다. 누가 먼저 도발하고 누가 먼저 손찌검을 하고 누가 먼저 구타를 했느냐에 따라 가해자와 피해자가 갈리는 것이었다.

최고참이 내게 경비원이 주민과 싸우게 됐을 때 취해야 할 자세에 관하여 여러 가지 조언을 들려주었다.

어떤 경우라도 주민이 큰소리를 내도록 해서는 안 된다. 만약에 싸우게 될 때는 확실히 상대를 논리적으로나 상황에서 상대가 말을 할 수 없도록 제압해야 한다. 경비원이 밀리는 경우, 주민에게 실수했거나, 조금이라도 잘못이 있을 경우에는 바로 꼬리를 내리고 용서를 구해야 한다. 일단 급한 불을 끄고 나서 수습하는 것이 중요하다.

주민이 화를 내거나, 큰소리를 치거나, 민원을 제기하면 이유 불문하고 그 자리에서 사과를 하고 기분을 풀어줘야 한다. 경비원은 약자요, 주민은 강자이기 때문이다. 경비원이 아무리 잘했다 해도 주민이 민원을 제기하면 주민이 이긴다. 모든 문제는 주민이 우선이다. 경비원으로 근무한다는 것은 주민을 섬기는 것이요, 그들의 손과 발이 되고, 그들의 요구사항을 들어주는 것이다.

경비원은 주민한테 인정받지 못하면 살아남을 수 없다. 그래서 경비원으로 산다는 것은 결코 쉬운 일이 아니다. 자신의 나이도 학력도 어떠한 경력도 무용지물이다. 자신의 성질을 죽이고, 오직 아파트 주민을 위하여 일하고 봉사하고 그들을 위해 존재하는 경비원이 될 때 비로소 경비원 자격을 얻는다. 안타깝지만, 이것이 경비원의 현실이다. 현실을 도외시하는 경비원은 살아남을 수 없다.

대부분 주민은 좋은 분들이다. 매우 좋은 분도 많지만 100명 가운데 한두 명은 '매우 나쁘다' 에 속하는 질적으로 매우 불량한 사람도 있다. 아까 경비원을 대하는 주민의 태도와 언행으로 보면 '매우 나쁘다' 에 해당한다고 본다. 그런 주민은 요주의 인물이다. 그들은 항상 조심해야 한다. 그들이 뭐라고 하면 그저 '예!' 로 답하면 된다. 그들에게 '아니요.' 라고 하면 문제가 발생한다.

경비원은 서비스맨(service man)이다. 상냥하고 부드러운 말투는 기본이다. 무뚝뚝한 말투로 대하는 경비원은 주민들이 좋아하지 않는다. 수십 년간 지녀온 말투라도 경비원으로 근무하려면 그것마저도 고쳐야 한다. 온유 겸손한 자세와 공손한 말투로 주민을 정성껏 모셔야 한다. 거칠고 개성 뚜렷한 남성적 언행은 경비원으로는 매우 좋지 않다. 주민을 위해 봉사하려면 당장은 안 되더라도 서서히 고쳐나가야 한다. 경비원으로서 자신이 하는 일과 그 자리에 맞는 자신으로 다듬을 필요가 있다.

이 종 수

· 경남 의령 출생
· 서정문학 시부문 등단, 지필문학, 문학광장 등단
· 농협구미교육원 원장 · 한국서정작가협회 회원
· 수필집 : 『푸른노을』, 『색다른 낯설음 저너머』, 『심향을 향한 여정』, 『홍진속 마음의 정화』
· E-mail: ljh1326@naver.com

장뚱어 잡는 아내

오늘도 날씨는 여전히 화창했고 바람이 시원하게 불었다. 이런 날씨에는 장뚱어를 잡기에 제격이었다. 아내는 남편에게 말도 하지 않고 갯벌로 나갔다. 아내는 갯벌을 휘저으며 장뚱어를 잡기에 여념이 없다. '잡았다' 라고 소리치며 신나게 장뚱어를 잡는다. 남편에게 맛난 장뚱어 요리를 해줄 마음에 저도 모르게 흐뭇해진다.

한편 집에서는 아무 소리도 없이 나가서 장뚱어잡이를 나간 줄 모르는 남편이 이리저리 아내를 찾아다닌다. 이웃집에 가서 "진숙엄니 어디 갔는 줄 아시오" 라고 묻고 다닌다. 결국, 마을회관의 경로당까지 찾아가 봤지만 모두 허탕이었다. 남편이 마을회관에서 나와 먼 곳의 갯벌을 쳐다보니 아내가 일을 마치고 막 휴식을 취하는 참이다. 남편이 아무리 하지 말라고 말려도 장뚱어잡이를 그만두지 못하는 아내에 대한 한탄이 쏟아진다. “어떻게 붙들어 매어 놓을 수도 없고 참으로 고약한 노릇이구먼.” 고민에 고민을 거듭하던 남편은 어느 날 말끔하게 차려입고 시골집에서 시내로 나간다. 그리고 핸드폰을 하나 사 가지고 온다. 아내용 핸드폰이다. 예전에도 핸드폰을 사주었는데 어떻게 하다 보니 갯벌에 빠뜨리는 바람에 여태까지 핸드폰도 없이 살아온 셈이었다.

핸드폰을 받아든 아내는 기쁜 마음에 어쩔 줄 몰라 한다. 그녀는 그것을 자랑할 곳이 없으니 애꿎은 개에게 자랑질이다.

“방울아 나 핸드폰 샀다. 부럽지”

남편은 아내에게 신신당부한다. “잘 간수하고 언제든지 전화하면 잘 받으소.” “장뚱어 잡으러 가는 것은 허락할 테니 제발 허리 아프단 소리는 좀 하지 말고 건강 잘 챙기고 몸조리도 잘하쇼.”

오늘도 날이 맑아 장뚱어를 잡기에는 적격인 날씨다. 아내는 핸드폰을 비닐봉지에 잘 싸서 다라이 속에 넣고 장뚱어 잡이를 나간다. 갯벌은 여전히 푹푹 빠지는 뻘이다. 장뚱어를 한 바게쓰 잡아서 들어오는 길에 남편의 전화를 받았다. 얼떨결에 비닐봉지는 바람에 날려가 버렸다. 결국 핸드폰을 다라이에 넣고 오던 중에 그것을 뻘에 빠뜨려버리고 말았다. 오던 길을 다시 되돌아갔다. 그리고 갯벌을 샅샅이 뒤졌다. 그리고 겨우 그것을 찾았다. 하지만 한번 뻘에 빠진 핸드폰은 이미 작동이 멈췄다. 남편한테는 밧데리가 나갔다고 거짓부렁을 하고 몰래 뒷간에 숨겨놓았다. 그리고 다음날 하필 그날은 장날이었다. 남편이 이웃집에 마실을 간 틈에 장에 다녀온다고 하고는 냉큼 집을 나섰다. 핸드폰을 들고 핸드폰 대리점에 들렀다. 뻘에 빠진 핸드폰을 고치는 값이 새로 사는 값보다 더 하다고 하니 새로 사는 수밖에 도리가 없다. 그런데 새로 사고 보니 번호가 새롭게 바뀌었다. 남편은 꿈에도 이런 사실을 모른 채 또다시 옛 번호로 전화를 건다. 그런데 이 번호는 사용할 수 없다는 메시지가 나오니 환장할 노릇이다.

남편은 어깨가 아프고 아내는 허리가 아프다. 나이 70을 훌쩍 넘긴 고령이니 이곳저곳 탈이 날 수밖에 없다. 4남매를 다 출가시키고 이제는 두 노부부가 알콩달콩 살면 되는데 이렇듯 서로 애를 끓이며 사는 것이다. 남편은 출타해서 아픈 어깨를 치료받고 오는 길에 사골을 사갖고 온다. 그리고 그것을 열심히 끓여놓는다. 방의 불을 지피고 하는 것은 남편의 몫이다. 항상 장뚱어를 잡는 일에만 몰두하고 있는 아내에게 신경을 쓰지 않을 수 없다. 밤이면 허리가 아프다고 파스를 부쳐주는 것이 다반사이다. 장에 다녀온 아내에게 핸드폰에 관한 속사정을 다그친다. 그러자 아내는 핸드폰에 관한 사정을 실토한다. 남편은 토라져 밥도 먹지 않고 집을 나가고야 만다. 정성 들여 만들어놓은 식사를 하지 않고 나가는 남편 때문에 아내는 속이 상한다. 아내는 속이 상한 남편에게 얘기

한다. "화 많이 났소." 이번에는 갯벌로 나가서 남편이 좋아하는 굴을 따온다. 그리고 그것으로 푹 삶아서 가마솥에 안쳐두고는 모른 채 한다. 일을 나갔다온 남편은 아내가 자신의 속을 풀기 위해 마련해 놓은 굴을 맛있게 먹으면서 화를 삭인다.

다음날 남편은 또다시 아내가 핸드폰을 잃어버리는 것을 방지하기 위해 시내로 나갔다. 그리고 핸드폰을 매달아 놓을 수 있는 목걸이처럼 생긴 줄을 사온다. 그리고 그것을 아내에게 건네고 '다시는 핸드폰을 잃어버리지 말라' 라고 당부한다. 그리고 남편은 글을 모르는 아내를 위해 본격적으로 선생 노릇을 하기로 한다. 달력을 찢어 그것에 글자를 써놓고 그것을 따라 쓰도록 공부를 가르쳐 주기로 한다. 100개의 단어를 적어놓고 일주일 후에 시험을 보기로 한다. 공부에 매달린 아내는 밤늦도록 그것에 몰입한다. 이제는 글자도 알게 되고 문자도 할 수 있게 된 것이다. 문자는 이웃집 아낙에게 가서 핸드폰으로 문자 보내는 법을 배운다. 그리고 남편에게 문자를 보낸다. 문자를 받아본 남편은 아내의 정성에 감복해서 더 할 나위 없이 행복감에 젖는다.

드디어 일주일이 지나고 시험을 보는 날이 되었다. 열심히 공부한 아내는 시험에서 성적이 잘 나올지 알 수 없는 노릇이다. 남편은 아내의 답안지를 고쳐서 원하는 만큼의 동그라미를 쳐준다. 선물은 아내가 원하는 바를 들어주는 것이다. 아내는 마음껏 장뚱어를 잡을 수 있게 해달라는 것이 소원이다. 남편은 아내의 소원을 들어주고 아내는 기쁜 마음으로 장뚱어를 잡으러 나간다. 소박한 아내의 일상과 남편의 마음속을 들여다볼 수 있는 장면들이 연출되었다.

우리 모두 서로의 감정에 익숙하지 못하고 남편과 아내의 삶으로 수십 년을 산 부부임에도 서로의 마음을 헤아려 줄 줄 모른다. 참으로 안타까운 노릇이다. 또한, 답답함을 금할 수 없는 것이 세상사임을 다시 한번 확인시켜준다.

전라남도 보성군 벌교읍에 사는 이들의 애틋한 사연이 담긴 내용으로 얼마 전 방송된 '사노라면' 이라는 프로그램에서 소개된 내용을 정리한 것이다. 남편은 남편대로 아내는 아내대로 서로를 위해서 마음 쓰고 아픔을 보듬고 챙겨가면서 서로를 위해가는 삶 속에서 정을 쌓아가는 것이 세상사를 살아가는 모습이라는 것을 보여주었다. 남편은 김옥봉(78세) 씨였고 아내는 이홍엽(71세)이었다. 남편을 위해 장뚱어를 잡는 모습에서 애틋한 부부애를 엿볼 수 있었다.

본래 배필은 하늘에서 정해준다고 했었다. 서로를 믿고 정분을 쌓아가는 모습에서 오늘날 삶을 살아가는 사람들 모두에게 큰 귀감으로 작용하지 않을까 여겨진다. 부부로의 연을 맺기 위해서 엄청난 7천 겁의 업을 쌓아야 한다고 했었다. 제대로 된 인연을 천

생연분이라고 하지 않던가. 백년해로하는 이들의 진정한 부부애를 느껴볼 수 있었던 시간이었다. 언제나 부부가 돈독히 부부의 정을 쌓아가며 만수무강하고 천수를 누리기를 기원해본다.

제주기행

얼마 전 제주를 다녀왔다. 아침 식사는 호텔 1층 식당에서 할 수 있었다. 뷔페식이었다. 날씨는 어제보다 나아진 듯했다. 아침 8시에 식사를 했고 10시에 출발했다.

짐은 호텔에 두고 간편한 복장에 손가방을 메고 갔다. 첫 행선지는 포도호텔이었다. 이타미 준(1937~2011, 유동룡)이라는 재일교포 건축가가 심혈을 기울여 건축한 예술작품 같은 호텔이었다. 1층으로만 지어져 있었고 포도송이 모습을 연상시키는 구조였다. 하루 숙박비가 40만 원을 호가한다고 했다. 바깥에서 빛이 스며들도록 구조가 되어 있었고 물이 흐르는 구조로 하나하나가 다 예술적으로 느껴질 정도였고 고가구 등이 곳곳에 배치되어 무슨 미술관에 온 느낌이었다. 예술품으로 그림 조각품 등도 적절하게 배치되어져 있었다. 로비 중간에 하늘로 뚫려있는 공간이 있었고 그곳의 처리는 통유리로 되어 있었다. 바깥과 통하는 통로를 통하여 빛이 들어왔다. 바깥과 통하는 방향으로 안에서 바깥쪽으로 물이 흐르도록 연결되었다. 그것은 바깥의 삼방산과 연계된 설계구조였다. 지하에는 강부언 작가의 개인전이 개최 중이었다. 기념촬영을 하면서 구경을 하고 세계적 작가의 건축미에 감탄이 절로 나왔다.

차로 조금 이동해서 간 곳은 방주교회란 곳이었다. 아쉽게도 내부는 볼 수는 없었는데 일반 조그만 교회처럼 좌석이 되어져 있는 듯했다. 어느 독지가가 200억 원을 희사해서 그것으로 지어진 건물이었다. 노아의 방주를 연상시키는 건물이었다. 건물 외부로 물이 흐르게 해서 건물이 물 위에 떠 있는 것처럼 느껴졌다. 한쪽 옆에는 찻집이 있었는데 그곳에 들어갈 여유 있는 시간은 없어 아쉬움을 남겼다. 찻집 앞에는 조그마한 꽃밭이 화단처럼 조성되었다.

차를 타고 지근거리에 있는 식당 비오토피아로 향했다. 이곳 역시 거의 예술작품 같은 건축미를 뽐내고 있었다. 철과 콘크리트 벽이 혼합되었는데 철의 부식으로 인해 오묘한 색감을 느끼게 해 주었다. 식당으로 들어가는 입구에 피카소의 소품 6점이 걸려있었다. 식당 내부 장식도 각종 예술품으로 절묘하게 장식되어져 고품격의 격조와 기품이 느껴졌다. 메뉴에 있던 연어초밥을 시켰다. 와인도 화이트와인으로 시켰다. 최고의 품위를 지니고 있었다. 발렌타인

40년산도 실물이 전시되어져 있었다. 다시 웨이터가 와서 하는 말이 연어가 신선하지 않아 연어초밥은 어렵다는 얘기였다. 무심결에 짬뽕을 시켰다. 여느 짬뽕과 별 차이가 있으랴 대수롭지 않게 여겼다. 그러나 맛을 보니 유별났다. 특별했다. 절묘하고 깊은 맛이 느껴졌다. 국물맛도 일품이었다. 같이 간 일행들에게 국물맛을 보라고 권유했다. 그릇을 깨끗이 비우고 인증샷을 남겼다. 생애 최고의 짬뽕 맛을 본 것이 아닌가 했다. 특별한 짬봉맛에 감탄할 수밖에 없을 지경이었다. 식당 입구에 있는 빵집에서 단팥빵을 좀 샀다. 값이 개당 4천 원이라고 했다. 호텔 로비에서 계산을 했다.

식사를 마치고 다음으로 찾은 곳은 수풍석水風石박물관이었다. 바람, 돌, 물 박물관이었고 이타미 준의 작품이었다. 해설사가 유창하게 설명을 해 주었다. 맨 먼저 간 곳은 석박물관이었다. 바깥에 돌을 깎아서 조각한 손 위에 올려진 복숭아가 있었다. 손은 부처님의 손이라는 설명이었고 복숭아 모형은 삼방산을 본뜬 것이라고도 했다. 안쪽에는 햇볕이 들어오는 곳에 반질반질한 돌이 바닥에 놓여져 있었다. 설명을 듣지 않은 이들은 그곳이 포토존인 줄 알고 그위에서 기념촬영을 한다는 우스개도 있었다. 바깥에는 억새들이 바람에 휘날렸다. 모두들 인증샷을 찍느라 여념이 없었다. 해설사를 따라서 인공호수길 등을 걸었다. 수풍석박물관을 설계한 이타미 준에 관한 설명이 있었다. 본명은 유동룡이었다. 8남매의 장남이었다. 일본이름으로 바꾸는 과정에서 이타미 공항의 이름을 빌려왔고 준은 그의 절친 길옥윤의 윤潤자를 일본식으로 발음하면 준이 되어 이름이 만들어졌다는 설명이었다. 세계적인 건축가로 이름이 알려졌다. 산책로에는 단풍나무가 있었고 인공호수에 데크가 만들어져 있어서 걷기에 쾌적함과 안온함을 느낄 수 있었다. 물에는 수련이 있었다. 수련의 수자가 물 수水가 아니라 수면 수(睡, 잘 수)라는 설명도 있었다. 연못이 오후가 되면 사람이 잠을 자듯이 꽃잎을 닫는다는 설명이었다.

다음으로 간 곳은 바람박물관이었다. 나무로 된 집 한 채가 덩그러니 있었다. 안에는 돌로 된 양 두 마리가 있었다. 나무 벽 사이로 공간이 있어 바람이 통했다. 한쪽은 타원형 구조였고 또 다른 쪽은 직선이었다. 빛에 따라 그림자가 다르게 나타났다.

마지막 박물관은 물 박물관이었다. 돌로 지어져 있었다. 하늘로 뚫려있는 구조였고 바닥에는 자갈이 깔렸고 그 위로 물이 담겨져 있고 물이 흐르는 듯했다. 들어가는 입구는 아주 좁았다. 좁은 문으로 들어가는 느낌이었다. 양옆으로 돌이 하나씩 의자처럼 놓여져 있었다. 하늘색과 물색이 절묘하게 대비되었다. 비가 오는 때에는 그렇게 환상적일 수 없다고 했다. 위 천장 부분은 타원형 구조였다. 외부에서 봤을 때에는 우주선 같은 느낌이나 원형경기장의 돔같은 느낌이었다. 수풍석박물관의 박물관을 보고서 찾은 곳은

성 이사돌센터였다. 목장이 있었고 수녀원, 성당 등이 있었다. 처음 목장으로 갔는데 워낙 혼잡해서 이사돌센터로 이동했다. 콘크리트 건물에 나무를 덧대어 이색적인 분위기를 연출했다. 목장에서는 우유갑처럼 생긴 구조물 안에서 인증샷을 남겼다. 홍보물들이 전시장처럼 기다랗게 연작 식으로 전시되었다. 바깥쪽에는 십자가형을 당하는 예수의 조각상이 골고다 언덕 위처럼 그렇게 설치되었다. 독특한 분위기를 느껴볼 수 있었다. 이사돌센터에서 우유, 식빵, 유산균, 커피 등을 맛보았다. 한켠에는 각종 기념품을 판매하기도 했다. 한국전쟁 직후였던 1954년에 제주도에 온 아일랜드 출신의 신부 맥그린치 신부의 헌신과 노력으로 성 이사돌 센터가 건립되었다는 설명이 있었다.

이사돌센터를 나와서는 호텔로 돌아와 일찌감치 휴식을 취했다. 한 시간여의 휴식을 취한 후 6시 30분에 집결해서 차를 타고 덤장이란 맛집으로 갔다. 소라물회, 한치물회, 성게미역국, 갈치국, 고등어구이, 해물뚝배기 등을 시켰다. 제주시 본점, 서울 강남점 등이 있었다. 한라산 소주를 마셨다. 식사를 끝내고 계산을 하고 나오면서 문의를 했다. 갈치회와 고등어회를 포장해 줄 수 있냐고 말이다. 주인장의 답변은 이랬다. 포장은 해 줄 수 있는데 가격이 좀 비싸니 회포장센터에서 포장하는 것이 좋을 것이라는 것이다. 덤장에서는 다행히 평일이어서 손님이 그렇게 많지는 않았다. 식사를 마치고 호텔로 복귀했다. 각자 방으로 갔다가 뒤풀이를 하러 또 다시 만났다. 여성분들은 차를 마셨고 남자들은 기네스 맥주를 마셨다. 편의점에서 아이스크림 군고구마 등 주전부리를 사가지고 왔다. 그런데 심각한 얘기로 얘기하다 보니 아이스크림 등은 그대로 남게 되었다. 아쉬움이 남았다.

이제 제주에는 거의 우리 국내관광객이 주류를 이루는 듯했다. 예전처럼 중국인들이 인산인해로 떼를 지어 몰려다니는 것은 옛날 일이 되었다. 무척이나 많은 제주의 관광지 가운데 특별한 곳을 둘러보는 기회를 가졌다. 이제 제주도는 국제적인 관광지가 되었고 우리가 내세울 수 있는 가장 가볼 만한 곳으로 정평이 나 있다. 앞으로도 제주관광지가 우리나라를 대표하는 명소관광지로 더욱 각광받고 성장 발전하기를 기원해본다.

홍 만 희

· 시인, 수필가. 서울과학기술대 문예창작학과 졸.
· 『서정문학』 시부문 신인상 수상
· 『산림문학』, 『시에』 수필부문 신인상 수상
· 시집 : 『책 한 권』
· 공저 : 『한국대표서정시선 3 · 4 · 5 · 6 · 7』
· 571014@daum.net

홍천살이

오늘 하루의 시간

홍천살이

강원도 홍천 복골마을을 나의 거처로 정한지 꽤 되었다. 5년이나 되었다. 홍천 읍내에서 인제 쪽 방향으로 20킬로미터쯤 가다 보면 철정3리가 나온다. 그곳에서 잰걸음으로 30여 분 산골로 더 걸어가야 당도할 수 있는 마을이고 보면 오지마을이 맞다.

홍천하면 산골의 이미지가 떠오르지만 이보다도 더 산골로 들어가야 하니 승용차가 없으면 다니기가 무척 불편한 곳이다. 겨울철 폭설이라도 내리면 오도 가도 못하는 곳이다. 산 이외에는 보이는 것이 없고 산골짜기마다 옥수수 농사가 전부인 곳이다. 그러고 보면 도시에서 생활한 습관에 길든 사람들은 잠시 머물다 가는 곳이지 이곳에서 살라고 하면 기 쓰고 도망칠 것이다. 그렇다고 해서 즐길 거리가 없는 것은 아니다.

항상 같은 풍경 속에 일상생활이 무료할 것 같지만, 하루하루 변화하는 자연의 모습을 보면 호사 아닌 호사를 누리곤 한다. 풍경의 속도는 자동차 드라이브처럼 속도감을 즐길 수는 없지만 자연의 마법에 걸리면 도시 생활에 삭막했던 마음은 자연을 닮아가는 듯 주변 풍경들이 하루하루 다르게 보이기 시작한다. 그날그날 새롭다.

자연은 말 그대로 사람들의 마음을 보다 안정되게 하고 가볍게 만들어주는 교향곡 같다. 단순하고 차분한 멜로디가 일정한 규칙으로 반복되는 음악 구조는 누구나 부담 없이 듣기 좋은 것처럼 말이다. 자연으로 들어가 걸으면, 무의식적으로 안정감을 느낄 수 있고 차분한 보폭으로 걷게 된다. 물론 이를 과학적으로 정확히 입증할 수는 없겠지만, 자연 속의 생활이 얼마나 마음의 안정을 주는지 나의 체험에서 나온 깨달음이다.

자연의 순환에 익숙해지는 것과 순환에 맞춰 몸의 변화는 상호 관련성을 지닌다. 그러니까 음악과 같이 일단 귀로 들어야만 몸도 그에 맞춰 마음을 표출할 수 있는 것처럼. 이곳 일상생활에서도 마찬가지다. 자연에 몸을 맡기면 자연처럼 행동할 수 있고, 느긋한 바람이 불라치면 새의 날갯짓처럼 움직인다.

자연에 맞춰 몸이 자연스럽게 반응하려면, 평소에 자연에 선율과 리듬을 느끼고 몸으로 자연을 느끼는 습관이 배야 한다. 시골에 사는 것이 뭐가 복잡하냐 하는 의문을 가질 수 있겠지만, 이곳에 친구들이며 식구들이 오면 처음에는 자연에 감복하지만, 시간이 지나는 동안에 지루한 표정과 안절부절못하는 모습을 볼 수 있다. 이는 도시 생활에 익숙해진 몸과 정서가 바로 몸이 반응하는 모습이다. 자연과 부조화라고나 할까.

자연 못지않게 호사스러운 취미 생활을 하긴 한다. 취미인 음악듣기이다. 도시의 아파트에서는 감히 상상 못 하는 음악감상. 볼륨을 올려 자연 속에서 듣는 황홀감이란. 아침에는 모차르트를 듣고 저녁에는 바흐를 듣는다. 물론 저녁에 모차르트를 들어도, 아침에 바흐를 들어도 무방하다. 하지만 모차르트를 아침에 들으라는 것은 영롱한 아침이슬처럼 맑고 화창한 모차르트 음악으로 하루를 시작하면 더욱 활기차고 생기 넘치는 기분을 느낄 수 있기 때문이다. 저녁에 바흐의 곡을 들으라는 까닭은 경건하고 안정적인 바흐의 바로크 음악이 잠을 깊이 빠져들기에 적격이기 때문이다.

다만 '우울한 아침' 이나 '산뜻한 저녁' 처럼 심리 상태가 반대일 때도 있다. 내 마음이 우울하다고 해서 억지로 밝은 노래를 들을 필요는 없다. 처음에는 마음과 상통하는 곡인 단조 풍의 어두운 선율로 위로받으면서 차츰 밝게 변화시키는 진행을 해야 한다. 나의 마음과는 너무 다른 음악을 듣게 되면, 전혀 감흥을 느낄 수 없을지 모른다. 또 계속해서 구슬프고 애처로운 음악을 들으면 마음이 더욱 추락할 수 있으니 말이다.

혹자는 이곳 산골 생활이 지루하고 따분하다고 생각하는 경향도 있다. 물론 이를 전적으로 부정하지는 않는다. 하지만 자연은 마음을 위로하고 치유해준다. 각박한 도시살이에 치인 마음을 안정되게 만들고 따뜻하게 위로를 건네주는 자연. 여기에 당신이 오신다면 자연과 더불어 덤으로 멋진 오펜바흐의 '자클린의 눈물', 김민지의 첼로연주곡을 들려 드릴게요.

오늘 하루의 시간

오늘 춥다는 예상과 다르게 포근하다. 미세먼지 '나쁨 수준'이라는 경고에도 하늘은 맑다. 일기예보를 믿는 편은 아니지만, 오늘따라 새로 꺼내입은 겨울옷이 걷기에 너무 불편하다.

오늘 일찍 일어났다. 새벽 4시에 깨었다. 요사이 잠드는 시간과 깨어나는 시간이 불규칙하다. 책상 앞에 앉아 어제 쓴 글을 다시 읽는다. 이유가 있다. 다듬어지지 않는 초고 글은 문장이 껄끄럽거나 상투적인 글인 경우가 많다. 그래서 쓴 글을 반복해서 읽고 고친다. 글의 상처를 고치다는 생각을 해본다. 글을 다듬다 보면 스스로 나에 대하여 깨닫는 시간이다. 이 시간은 '글을 수정한다'라기보다는 나를 교정한다는 표현이 맞다.

글을 보다가 텔레비전을 켠다. 배구경기 장면이 나온다. 어머니가 운동경기를 좋아하다 보니 자연스럽게 채널이 고정되다시피 보게 된다. 며칠 전 생방송으로 본 한전과 삼성화재 경기다. 재방송이다. 어머니가 열렬한 삼성화재 배구팀 팬이다 보니 나도 좋아하게 되었다. 삼성의 박철우 선수가 상대의 허를 찌른 시간차 공격과 연이어 서브에이스까지 꽂힌다. 이 장면은 명장면 중의 한 장면이다. 느린 화면으로 계속해서 보여준다. 아나운서는 선수보다 더 실감 나게 목소리로 해설한다. 운동경기에 더하여 박진감이 든다. 어머니가 운동경기를 좋아하는 이유이다. 아버지가 돌아가신 뒤로 드라마 시청하기보다 운동경기를 보는 것에 더 집중하는 듯하다.

이런저런 생각 하다가 아직 마무리되지 못하여 바탕화면에 모아둔 글을 본다. '다이어리 속에서 찾은 당신의 인증샷' 가제의 제목이 붙어있는 아이콘을 본다. 아버지의 삶 속에 가장 인상 깊었던 장면을 당신이 남긴 다이어리에서 찾는 중이다. 평소 자신의 일을 빠짐없이 다이어리에 남기셨다. 이 글을 완성하지 못하고 컴퓨터 바탕화면에 그대로 있다. 올해 마무리를 못 하고 해를 넘길 것 같다. 아버지가 돌아가신 뒤라 더욱 조급해진다.

아버지의 비문에 쓸 글귀를 고른다. 지금까지 쓴 아버지 관련된 수필 중에 한 문장을 선택하는 일이다. 그동안 아버지 관련 쓴 글 중에서 몇 편의 글귀를 골라 가족 카톡방에 띄워 놓는다. 가족들이 선호하는 글귀를 비문으로 쓸 예정이다. 이 또한 선택하기가 쉽지 않을 것이다. 내용을 올라자마자 둘째 아들 녀석이 자신이 선택한 글귀를 카톡에 올렸다. "단단한 고요. 오직 고요한 넓이를 가슴으로 안아야 할지, 눈으로 담아야 할지 당신이 있던 자리는 한참 넓다." 수필 '오래된 나무'에 한 구절이다. 이는 계간지 산림 문학에 발표한 글이다. 아버지의 지나온 삶을 반추한 글이다. 요사이 마음이 허허로울 때 삶의 경전인 듯 읽은 수필이다. "낙엽 하나, 햇살에도 눈을 뗄 수 없습니다. 아직 당신의 가을은 우리 곁에 있습니다." 아버지 삼우제 때 쓴 수필 중에 한 대목이다. 돌아가신 날은 단풍이 한참 절정에 물들고 있었다. 아버지의 가을인듯하여 애틋하였다. 특히 아버지가 돌아가시기 전 2주 정도 병원에 입원해 있을 때, 병실 침대에 누워있는 모습에서 느낀 소회를 쓴 글인 수필 「들뢰즈의 역설」의 한 구절 내용을 아들 녀석이 선택한 것을 보니 나와 같은 감정을 느꼈을 거라는 생각이 든다. "아버지는 어디론가 걷고 있다. 누구에게도 마주할 수 없는 거대한 숭고 앞에 무릎을 꿇고 무한한 경의를 표한다." 이 글은 다시 읽다 보니 가슴이 아프다. 마음이 무거워진다. 카톡 끝마무리에 "비문의 글로는 너무 김. 맞춤법 수정 바람" 하며 충고를 잊지 않는다. 아무튼, 글귀를 선택하여 다음 주에 켈리그라퍼 박도이 님에게 글씨를 부탁할 예정이다.

아버지의 사진을 본다. 영정사진으로 쓴 사진이다. 경대 위에 놓여있다. 그 곁에 어머니는 꽃을 놓아두었다. 꽃과 잘 어울리는 사진이다. 어머니는 종종 '아미타경 기도문'을 읽으면서 사진을 본다. 나도 사진을 보며 아버지를 생각한다. "좋은 곳으로 가셨을 거야" 하며 스스로 위로하는 시간이다. 이승에서 법 없이도 사신 분이니 저승에서 행복하리라 믿는다. 벌써 돌아가신 지 거의 한 달이 다가온다.

그런저런 생각을 하다가 산책을 하기로 한다. 습관적인 행동이다. 내가 무엇을 할지 계획된 일은 아니지만, 며칠 전에도 어제도 또 같은 생활패턴이다. 그런 날에도 오늘 해야 할 일이 무엇인지를 생각하긴 한다. 오늘은 아버지의 사망신고를 할 예정이다.

한천변을 걷다가 즐비한 느티나무를 본다. 바람이 불어도, 눈보라가 몰아쳐도 바람은 바람으로 눈보라는 눈보라로 온몸을 피하지 않고 이 모든 것을 묵묵히 받아들이는 나무이다. 삶의 아버지도 그랬다. 아버지처럼 나도 그런 삶을 살겠다고 다짐한다. 그러고 보니 오늘 하루의 시간은 나 혼자가 아니라 아버지와 함께하는 시간이다.

한국대표서정소설선

박응보

장진원

박 응 보

· 서정문학 소설부문 등단
· 한국서정작가협회 회원
· 산능대학 경영정보학과 졸업
· GBC(극동 비즈니스 스쿨) 중소기업 경영과정수료
· 비즈니스 컨설턴트
· pakisung@naver.com

을乙을 위하여

을乙을 위하여

어린 감나무 가지에는 겨울 내내 감춰져 있던 새싹 봉오리가 큰 팥 방울만큼이나 불어가고 있다. 새로운 품종으로 어렵게 얻어다 심을 때만 해도 아무 일 없었다. 대대로 내려온 밭에 밀감을 심고, 이십여 년 간 관리하면서 생활을 유지해준 터전이다. 천팔백삼십육 평. 단일 지번으로는 흔하지 않게 넓은 면적이다.

"할부지 왜 감은 없어요?"

네 살짜리. 하나 있는 손녀는 보는 것마다 신기해서 그런지 꼬리를 달기 시작하면 끝이 없다. 감나무는 봄에 심은 것이고, 그것이 손가락 새 개의 해를 지나면 감이 열리는데 세상에서 제일 크고 제일 맛있는 감을 우리 세영이가 따먹을 수 있다. 곰비 어린이집 친구들에게도 자랑할 수 있어, 이 얼마나 좋은 일이 아니겠느냐.

따라서 감으로 말할 것 같으면 천식에도 좋고 하나만 먹어도 배가 불러…….

손녀의 계속된 질문을 막는 길은 말을 길게 하면서 빠른 속도로 대답하는 것이다. 다행히 손녀는 '천식'을 물고 늘어지지는 않았다. 꼭 지어미 닮은 데가 있어서 무슨 말을 하려 들면 끝나기도 전에 대답하거나 듣는 사람이 성가신 듯하면, 말을 중간에 거둬 버리기 일쑤다.

소리 없이 '흐흠' 입속에서 웃음이 나온다. 손녀에게 당당하게 약속한, 세상에서 제일 크고 가장 맛있는 감을 따 줄 수 없게 되고 말았다. 한심한 일이다.

문제 해결 방법을 찾아본다. 되도록 문제를 세분화해서 가장 쉬운 것부터 하나하나 처리해 나가는 리스크 분석법을 써 보지만, 저쪽에서 요구하는 금액은 백오십칠억이다. '시가 오십억 정도인 밀감원만 포기하면 백억 원 정도가 벌어들이는 게 아니냐?' 고 떠들던 천 회장 얼굴이 머리에서 지워지지 않은 다. 천 회장은 점령군 사령관인 냥 기세가 등등했고, 그 밑에 따르는 참모진이나 졸개에 이르기까지 자기네 회장 흉내 내기에 여념이 없었다.

본사에서 왔다는 한 과장이란 작자는 부인과 아이 둘을 데리고 밀감원에 들어서자마자 바지춤을 잡고 밀감나무 사이로 사라지더니 '어이 거기 영감 화장지 좀 가져다 줘' 하고 소리쳤다. 같이 따라온 부인은 아무렇지도 않은 표정이었으나 그래도 좀 큰 여자아이가 '아빠 왜 저래' 할뿐.

생각할수록 분통이 터지지만, 이것이 숙명일까 하고 받아들이려 했으나 너무 거들먹거리는 데는 신물이 날 지경이다. 아예 자포자기하고 밀감원에 발을 들여놓지 않으면 그만이지만 이천여 그루의 밀감나무가 부른다. 이십여 년을 관리해 오면서 대화가 통하던 나무들이다. 잎사귀 끝이 약간 말리면서 '목이 마르려고 합니다.' 적황색 반점이 생기면서 '창가병 증상 같으니 살균제로 소독해 주세요.' 나무들과의 대화는 그뿐이 아니다. '저희들은 당신 편입니다 힘내세요!' 그렇다. 내 편이면 얼마나 좋겠느냐 지금 같아선 가질 수도, 포기할 수도 없는 마음이다. 그래서 역부족이다.

한 과장이란 자를 뒤따라 들어온 조립식 주택업자는 창고 내부에 방을 꾸미기로 하고 견적을 뽑기가 바쁘게 이톤 차량 두 대가 들어오고 공사가 진행되는 것을 보고만 있어야 했다. 법적 절차도 거치지 않고 이럴 수가 있느냐고 소리치고 싶으나 유치장에 앉아 있는 아들을 생각해서 깽판을 못 치고 있다. 천 회장의 고소취하 싸인 한 장으로 아들은 풀려나게 된다는 며느리의 걱정을 덜어줘야 해서다.

창고에 저장해 두었던 밀감 상자들을 어지럽다며 창고 밖으로 들어내어 아무렇게나 쌓아 놓는다. 저온 저장장치에서 벗어난 밀감은 이틀이면 부패하기 시작하여 삼사일이 지나면 상품성이 거의 없어진다. 한 과장이란 자는 자기 물건처럼, 다른 업체 택배 직원두 사람이나 불러들여 택배용 상자에 포장했다. 핸드폰으로 여기저기 전화질하며 감귤 먹겠느냐, 택배비만 착불로 지불하면 된다고 호들갑을 떨었다.

다른 것은 다 좋은데 아내가 그렇게 아끼던 물건을 꺼내다 집어던져 버렸다. 유리용기 깨지는 소리에 사람들의 시선이 그쪽으로 집중됐다. 한 과장이란 자는 멋쩍었는지 어설프게 웃고 '공사하는데 어지러워서' 하고는 그냥 창고 안으로 사라졌다.

플라스틱으로 된 사각 상자 속에는 홍차를 끓이는 세트가 들어있었다. 전부 유리 제품이다. 일본 간사이 지방으로 여행 갔을 때 긴댓츠 백화점에서 내가 못마땅해하는 기색을 보여도 아내는 우기고 칠만 구천 엔의 거금을 투자한 물건이다. 백화점 판매원 아가씨는, 일본에서 유명한 유리공예가 가세하라 유기치 씨의 작품으로 보존가치도 상당하다며 유리주전자 밑에 박혀 있는 문장紋章의 인증서까지 주었다.

건강을 위해서는 커피보다 홍차를 많이 마셔야 하고 한방차도 마실 수 있지 않으냐는 내용의 설득을 당하는 척했으나 당시 환율로 구십만 원이나 되는 돈이었으나 말리지 않았다. 두고두고 투정을 들어주는 것보다 나을 것 같아 사들인 물건이다. 현관에 들어서면 되도록 잘 보이는 곳에 진열해 둔 것을, 아내가 이승을 하직한 후 밀감밭 창고에 가져와 가끔 오미자차를 끓여 마실 때 꼭 두 잔을 만들어 한참이나 앞 잔을 보며 차를 마셨다.

농기구 컨테이너에 들어가 갈고리를 집어들었다. 삼십 센티 정도의 날 네 개가 달려있어 거름을 찍어 던지는 도구다. 오른손은 손잡이를 잡아 옆구리 뒤로 가고 왼손은 그 앞이다. 자연히 '찔러 총' 자세다. 논산훈련소 각개전투 훈련장에서 여러 장애물을 거치고 M1 소총 총구 끝에 착검하고 '돌격 앞으로' 구령이 떨어지기가 무섭게 '야~~아' 외치며 앞으로 달린다. 모래가마니가 육중하게 매달려 있는 것을 힘껏 찌른다. 얕은 능선만 넘어서면 휴식이다. 그리고 육 주간의 훈련도 끝자락이다.

"캬아아"하며 달리는 앞에는 모래가마니가 아니라 한 과장이 바들바들 떨고 있었다. '저놈'을 찌르면 인생 훈련도 끝나는 생각을 하여갈 때 누군가 뒤에서 나의 허리를 껴안으며 울었다.

"아버님 참으셔야 합니다. 저희가 잘못했어요. 용서해 주세요. 저희들 아직 젊습니다. 노력해서 돈 벌어 더 좋은 과수원을 조성해 드리겠습니다."

며느리였다. 집었던 흉기를 땅바닥에 힘껏 내리찍었다. 끝이 성끗한 갈코리는 그대로 땅에 박혔다.

며느리의 손을 풀어주고 집에 가 있도록 타일렀으나 울음은 그치지 않았다. 어디에 있었는지 손녀가 쪼르르 달려와서 다리에 감겼다.

"할부지이 걱정하지마아, 아빠도 오고, 나도 감 따 먹을 거야 꼭." '그래그래 빈말이라도 고맙다.' 차마 네 살배기 손녀에게 그렇게 대답할 수는 없어도, 이 시국에는 위안을 주는 말이다.

제 풀에 사그라졌다. 갈고리를 빼버리려는데 한 과장부인의 앙칼진 목소리가 터져 나왔다.

"아저씨 그거 손대지 말아요. 살인미수로 경찰에 신고했으니 이리로 오고 있을 거예요" 그렇구나. 흉기를 들고 찔러 죽였으면 살인이고 찌르려다 말았으니 살인미수, 말이 된다. 이왕 입건될 바에야 크게 저질러 놓고 싶었으나 며느리와 손녀 앞이다. 얼굴색이 하야케 변했던 한 과장이란 자는 맥없이 주저앉아 버렸다.

파출소에서 나온 경찰 두 사람은 우선 신고자에게 상황을 들으며 부지런히 받아썼다. 죽이려고 흉기를 들고 달려갔느냐는 경찰의 질문에 그렇다고 대답했다. 며느리가 그 좋은 말솜씨로 상황을 이쪽에 유리하게 변론하는 사이에 한 과장 부인과 며느리의 입씨름이 아니라 입싸움이 벌어졌다. 말싸움에는 말을 빠르게 큰소리를 지르는 쪽이 이긴다는 사실을 며느리는 알고 있는 듯했다.

"에이 c팔. 보자보자 하니 신경질 나 죽겠네, 이 사람들 무단점거에 건축물 불법개조, 기물파손을 하고 있는 그대로 본서에 직접 신고하겠어."

"야! 너 대리점 기사지? 너 자른다."

"자르든지 베던지 마음대로 해. 하는 짓거리가 악랄하고 더러워서 나 안 해"

아들과 같이 대리점에서 기사로 일하던 송 군이다. 한 과장이 자기 부인에게 소곤거리는 것 같았으나 부인의 기세는 누르지 못하는듯 했다.

본서에서 우르르 대여섯 명이 달려들었다.

"창고로 건축허가를 받고도 건물 내부를 주거용으로 방을 꾸미면 불법행위에 해당하고, 적법절차 그러니까 명의이전이나 임대차계약이 이루어지지 않은 상태에서 타인의 소유물을 이용하면 불법점거가 되며, 물건을 허락 없이 꺼내고 부셔서 기물손괴죄로 입건하겠습니다."

"지금 형사님 말씀이 맞다 하더라도, 하찮은 돈으로 충분하게 해결할 사항인데 영장도 없이 수갑을 꺼내요."

한 과장이 당황하여 말은 하면서도 자기 처를 쳐다보았다.

"왜들 이러세요. 아무리 지방경찰이라지만 살인 미수한 죄인은 놔두고, 우리 애 아빠는 회장님이 시켜서 한 것이지 그냥 한 게 아니라구요."

"물론 살인미수를 범했다면 입건해야지요. 어떻게 범행을 저질렀습니까."

지구대 경찰이 조사서를 본서 형사에게 보였다.

"신고하신 분? 저분이 당신 남편을 찌르려고 흉기를 들고 남편되는 분에게 달려갔어요?"

"그래요 그때 눈을 보니 사람 눈이 아니었어요."

"사람 말고 어떤 눈?"

"아주 새빨개져 가지고 짐승 눈이었다니까요."

"구체적으로 어떤 짐승?"

"개요 개. 무서운 미친개"

"사람이 개가 될 수 있어요?"

"이거 왜 이래요, 지방경찰 안 되겠어요. 저도요 서울에서 몇 다리 거치면 아주 윗선까지 닿거든요. 나에게 트집 잡으려 말고 저 영감부터 체포하세요."

"윗선이라, 상당하네요. 지금은 이십일 세기 하고도 십사 년이나 지난 시국인데……"

"여러분을 임의 동행으로 경찰서까지 모시겠습니다. 모든 조사는 서 내에서 이루어질 것이고, 조사가 지연되면 오늘 밤은 경찰서 유치장 신세를 질 수도 있습니다."

책임자격인 형사가 소리를 지르자 모여 있던 사람들이 뒷걸음으로 하나둘 빠지려 했다. 조립주택 사장이 도착하여 이 사람 저 사람 돌아가며 소곤소곤 다독거렸다. 건축업자 특유의 현장 해결사인 듯, 이야기를 듣는 사람마다 고개를 끄덕거렸다.

서울에서 직장생활을 하던 아들이 솔 가속하고 내려와 택배 지점을 개설하면서 본점에 신용담보설정으로 도장을 내준 것이 감귤원이다. 작년 가을 일반조생 감귤이 한창 수확기인 십일월 말, 아들은 관광차 제주에 온 본사 회장과 임원 몇을 자랑삼아 밀감밭으로 안내한 것이 화근이 되고 말았다.

아들은 자랑삼아 "이 밀감원이 본사에 신용 담보 설정되어 있어 회장님은 든든합니다." 덧붙여서 "바다도 산도 보이는 명당자리로 아주 좋은 위치에 있습니다." 그럴 때 천 회장 눈빛이 빤짝 빛나면서 긴장된 모습 같기도 했고, 전쟁터 적진에서 '돌격 앞으로' 소리 지르기 직전인 지휘관이 비장한 각오와 승리를 다짐하는 굳은 얼굴을 읽을 수 있었다. 천 회장의 눈치를 못 살핀 아들은 점점 말을 이어 갔다. 사업을 계속하면서 자금 여력이 어느 정도 괘도에 오르면, 감귤원에 펜션을 짓고 농업에서 전진한 6차 산업을 전개하여 나갈 것이므로 회장님도 많이 이용해 주십사고 당부했으나 천 회장은 아들이 하는 이야기를 무시하는 듯했다.

아들이 택배 지점을 개설했을 때는 벌이가 괜찮았다. 감귤 택배는 인터넷 홈쇼핑이 많아지면서 일거리가 급격하게 불어났다. 본사에서도 주목을 받았고, 영업 성적이 우수한 대리점으로 다른 대리점에서 견학 대상이 되기까지 했다.

대부분의 프랜차이즈 업계가 그러하듯이 택배 업계도 잘 나가는 대리점은 본사직영으로 전환시키려는 야욕을 보였다. 특히나 천 회장은 신용담보로 잡은 밀감원이 마음에 박혀 기회를 노리고 전략을 구상하고 있었다. 말이 전략이지 '탈취' 바로 그것이다.

천 회장은 전국에 걸쳐있는 대리점에 지시를 내리 각 대리점은 감귤 십오 킬로그램짜리 삼십 박스씩, 아들이 운영하는 대리점으로 주문하도록 하고 대금결제는 차후 지시에 따르라 했다. 천 사백 오십여 상자를 포장하여 발송 준비가 끝났을 때, 본사에서 한 장의 팩스가 날아들었다. '크리스마스와 연말로 인하여 택배 물품이 포화상태이므로, 연락이 있을 때까지 별도 주문한 밀감은 발송을 중지하고 기다려주시오'

그 많은 물량을 야적해놓고 비 오는 날씨라서 시트를 덮혀 삼일을 기다려도 본사에서는 연락이 없었다. 팩스가 날아들고 그 다음 날 본사에서 한 과장이 방문했으나 대리점의 일곱 명 직원들은 바쁘게 돌아가 한 과장에게 별로 관심을 두지 못했다.

오 일이 지나서 본사에서 독촉 전화가 왔다.

"왜 물건을 발송하지 않습니까?"

"연락이 있을 때까지 발송을 중지하라는 팩스를 받고 지시만 기다리고 있었습니다."

"본사에서 그런 팩스 보낸 일 없습니다."

"머요, 여기 받은 팩스가 있는데 그런 소릴 해요"

받은 팩스를 찾아보았으나 어디에도 없었다. 전 직원이 온갖 서류 꾸러미를 뒤졌으나 찾아지지 않았다. 경리를 담당하는 여직원이 컴퓨터에 저장된 팩스를 재출력하려고 마우스를 이리저리 움직여 보아도 그 팩스는 뜨지 않았다.

"물건이나 빨리 발송시키세요"

본사의 지시에 따라 다급한 김에 야적해둔 감귤 상자 천 사백

오십여 개를 발송시켰다. 재포장이나 부패 과일 확인은 할 틈도 없었다. 모든 책임은 본사가 져야 했다.

사 일 후에 일이 터졌다. 전국으로 발송한 감귤이 부패하여, 다른 택배 물품에 썩은 물이 번져, 변상해야 하는 택배 상자가 삼천 개를 초과한다는 것이다. 대리점은 일손을 놓고 말았다. 사장인 아들은 혈색이 말이 아니게 주저앉아 멍하니 유리창 너머 바다를 바라보고 있었다. 아들에게 할 말을 찾지 못했다.

며느리가 빵이 들어있는 비닐봉지를 양손에 들고 들어와 입가심이라도 하면서 대책을 생각하여야 할 것 아니냐고 빵을 풀어 놓았다. 여직원과 며느리는 종이컵에 커피를 타서 인원수대로 돌렸으나 아무도 음식에 손을 대려 하지 않았다. 나는 헛기침을 한번하고 종이컵을 들었다. 사장인 아들도 종이컵을 들며 자기 사원들을 돌아본다.

"그래 죽기 아니면 살기지, 아버지 그렇지요?"

"야 입에서 빵부스러기 튀고 있다. 먹고 이야기해라"

다른 때였다면 크게 웃었을 기회인데 다들 시무룩한 그대로다. 아들은 음식이 목에 걸린 사람처럼 어깨를 움츠렸다 폈다 반복하면서 입속의 빵을 억지로 꿀꺽 삼켰다. 사십 줄에 들어선 사람의 우는 소리는 소 울음소리와 비교가 안 될 정도였다. 직원들도 눈물이 찔금 거리고 여직원은 손으로 입을 막고 어깨가 들썩거렸다. 다들 황당하게 당한 억울한 심정일 것이다. '웃음 끝은 싱거워도, 울음 끝은 짜다' 했던가.

"그렇게 약하게 보이면 어떡해요. 이왕 터진 일 수습책을 모색해 나가야 할 것 아니에요"

그때야 아들은 울음을 멈췄다. 분통이 터질 일이다. 며느리가 눈물만 흘릴 뿐, 울음소리를 참는 침착함을 보이는 것은 대단하다.

사복을 입은 형사라는 두 사람이 아들 체포영장을 들고 찾아왔다. 무고죄로 체포한단다. 팩스를 보낸 사실이 없는데 보냈다고 주장하는 즉, 생사람 잡는다는 죄목이란다. 형사들은 수갑을 채운 아들을 양쪽에서 부축하는 것처럼 끌고 나섰다. 손녀가 사무실로 들어서면서 자기 아빠에게 안겼다.

"아빠 가도 괜찮아. 할머니가 그러는데 모든 게 다 잘될 거래. 나 낮잠을 자는데 할머니가 깨워서 손잡고 요 앞에까지 같이 왔어. 그러니까 아빠 괜찮아"

손녀도 자기 엄마 닮아 그런지 눈물은 주렁주렁 매달려도 울음소리는 참고 있다. 아들이 세영이를 안으려고 허리를 굽히자 형사가 수갑을 풀어 주었다. 아들은 차멀미에서 토악질을 참으려는 사람마냥 굳게 다문 입술을 실룩거리며 고개만 끄덕거렸다. 입을 열면 대성통곡이 울려 퍼질 것이기 때문에 억제하는 힘겨운 순간을 견디고 있는 듯했다.

"하나같이 계획적으로 꾸민 일에 휘말려 들었어. 이편에서도 대항 조치를 취합시다."

대리점 점장은 사장이 연행되자 후속 조치를 한다면서 비장한 한마디를 던졌다. 우선 사무실 외벽에 임시 휴업 현수막을 내걸고, 받아 있는 택배품은 다른 업소로 의뢰 발송했다. 그리고 대책회의를 열린다면서 오후 세 시에 다 모이라는 당부를 했다. 오후 세 시가 되려면 두 시간 반이나 남았는데 왜 오후 세 시냐? 그동안 이번 건에 대해서 대처할 수 있는 방법을 각자가 모색하라 했다. 관계기관에 알아보는 것, 지워져 있는 컴퓨터 저장장치를 복원할 수 있는 데까지 복원하는 일. 기타 법률적인 문제 등등 각자에게 분야별로 분담시켰다. 전투시나 유사시에 지휘관이 유고로 지휘활동이 불가능할 경우 다음 책임자가 지휘봉을 잡는 것처럼 모양새는 좋았다.

손녀 손을 잡고 집으로 돌아가면서 '할머니가 정말 우리 세영이 손잡고 여기까지 왔었어?' 하고 물어서는 안 된다. 손녀가 태어나기 두 달 전에 죽은 할머니 얼굴을 어떻게 아느냐고 질문했을 때, 할머니 제삿날 사진 보고 알았다고 하지 않았는가.

"세영아 정말 아빠도 곧 돌아오고 다 잘될 것 같으냐"

"그래 할부지"

이런 질문이 있을 것을 예상이라도 한 아이 같이 말을 잘라버린다. 작년 여름에 날이 오래 가물어 인터넷에서 일기예보만 매일 체크하고 있을 때였다.

"할부지 두 달 비 없다." 쪼르르 방에 들어와서 그 말만 하고 도로 나가버렸다. 그 후 가뭄은 두 달 계속되었다. 밀감밭에 관수관리를 적절하게 잘해서 한발 피해를 면할 수 있었다. 손녀는 보통 아이가 아닌가. 며느리에게 이런 이야기를 비친 일이 있었다. 며느리는 절대 아니라고, 어린아이가 순간적으로 이상한 말을 하는 걸 가지고, 아무런 의미도 없는 내용을 어른들이 부풀려 아이를 바보로 만들면 되느냐고. 만에 하나 아니 천만에 하나 그게 영적인 계시라고 했을 경우 세영이가 유치원에서 초등학교에서 아기보살님, 점쟁이님하고 왕따를 당하면 책임을 어떻게 누가 감당하느냐고 논리정연하게 일축해버렸다. 며느리는 논술시험 공부에 시간을 꽤 허비한 것 같다.

아내가 살아 있었다면 어떤 행동을 취했을까. '가만히 있는 것이 도와주는 것이여' 그렇지 가만히 있는 것이 아들을 도와주는 것인지도 모른다.

천 회장이 사람 셋을 데리고 밀감원에 찾아온 것은 아들이 구속되고 이틀 후였다. 남자 둘, 여자 둘이다. 천 회장과 다른 남자는 오십 대 중반으로 보이고, 여자들은 그자들의 딸 또래다. 창고 출입문 옆에 설치된 평상에 앉았다.

"여기 아주 입지가 그만이야, 산도 보이고 바다도 보이고 죽여주지. 쉽게 얻었지!"

"천 회장 수완이야 다 알아주는데, 뭘……."

"저기 말이야 검은 개가 한 마리 있는데 아주 잘 생겼어."

“그게 뭘”

“보기 좋은 떡이 먹기 좋다고 하잖아”

“그래서 먹으려고”

“이 검사는 모르는구나. 검은 소, 검은 돼지, 검은 말, 검은 닭, 검은 염소, 그리고 검은 콩, 검은 참깨, 검은 벼 이것들의 공통점이 무엇인지 아나?”

“징그러운 내용인 것 같아요”

여자 하나가 꼴을 찡그리는 시늉을 하며 깔깔거렸다.

“징그러운 게 아니라 정 그리운 거야. 정이 그리운 거지. 정 그리움, 그리움은 달래줘야 하는 것 아니냐? 검둥이가 그것에 강하는 말도 있잖아”

“천 회장 너 말 잘 만든다. 사업 말고 글을 써도 되겠다.”

“그렇지 않아도 회고록 쓰려고 준비 중이야. 책 잘 팔릴 전략은 벌써 세웠어.”

깔깔거린 여자가 캔 맥주와 마른안주를 꺼냈다. 창고에서 다리 짧은 교자상과 유리컵 네 개를 내다주었다. 그때서야 천 회장은 사람 아는 체를 했다.

“이 땅 원 주인이야. 앞으로 계속 관리를 부탁할 참이야. 사람이 근실해 보이긴 하는데, 나 같으면 쪽팔려서라도 여기 출입 안 하지. 농부는 원래 우직해서 그런가”

“스피노자 정신이지”

"스피노자라 어디서 들은 듯한데, 나폴레옹의 사촌쯤 되나"

"'비록 내일 지구의 종말이 온다 하여도 나는 오늘 한 그루의 사과 나무를 심겠다.'는 훌륭한 명언을 남긴, 네덜란드에서 출생한 철학자에요."

신경질적으로 말한 깔깔거리지 않은 아가씨를 천 회장은 못 마땅해 하는 눈치였다.

"그래요! 아주 잘 아시고 있네요."

"아저씨도 드세요"

신경질 아가씨가 캔 맥주 두 개와 쥐포 봉지를 주면서 "화장실은 어디입니까?"하고 정중하게 물어 왔다. 원손으로 동쪽을 가리키며 앞장서서 걷는데 졸졸 따라오던 신경질 아가씨가 밀감나무 사이에 숨으며 나를 조용히 불렀다.

"화장실 필요 없고요, 저 핸드폰에 아저씨 번호 찍어 주세요. 저는 아저씨의 우군이 될 수도 있어요."

명함을 주고 나무 사이로 더 들어갔다. 얼마 후 신경질 아가씨는 집에 볼 일이 발생했다면서 콜택시를 부르고 떠나버렸다.

"너무 도도한 거 아니야. 새로 부임한 검사실의 행정담당이면 비서역이라 할 수 있는데, 끝까지 같이 있어줘야 하는 게 부하의 도리가 아니냐 그 말이야."

"옛날 소리 하지도 말아. 여차하면 부하 직원에게서 이거 당할 수도 있어야!"

검사라는 자가 손바닥으로 목 자르는 시늉을 했다.

"내가 보는 견지에서 말이야 법의 잘못 된 것 중의 하나가 성범죄 방지법이야. 그 썩을 놈의 법이 만들어져 가지고 사업하는 맛이 안날 때가 있어. 야? 너도 알지, 구십 년 대 중반까지만 해도 사장이 자기 비서와 장난질 치는 건 그저 그냥이었다. 이 말이야."

"야 천 회장 많이 취했구나. 저 분도 계신 데."

"어 저 분, 우리 이 과수원 관리하실 영감 할배야 괜찮아, 그런데 꽤 마셨는데도 취하지 않는다. 공기와 기분이 좋아서 그런가. 어이 할배? 술 머 없어?"

혀 꼬부라진 목소리로는 상당히 취해 있는 듯 했다. 창고 휴게실에서 소주 세 병을 가져다주었다. 천 회장은 소주병 마개를 돌리는 척하면서 냄새를 맡는 시늉을 한다.

"농약 칵테일인가해서 헤, 헤, 헤,"

소주병 병목을 잡고 천 회장 머리를 내려치는 상상을 할 때, 남아있던 아가씨가 술병을 들고 흔들고 힘겹게 병마개를 돌렸다.

평상에서 돌아서는데 십여 미터 앞의 감귤나무 위로 아내 얼굴이 보이는 듯하더니 사라졌다. 대낮인데 제정신이 아닌 것 같아 창고에서, 신경질 아가씨가 준 캔 맥주 두 개를 밥그릇에 쏟아 붓고 그 위에 소주로 그릇을 채워, 목마를 때 냉수 마시듯 목으로 흘려 들었다. 비어있던 배속이라 그런지 가슴에서부터 아래로 내려가는가 싶더니 열기가 위로, 위로 올랐다. 한 발자국을 내디디는데 내가 아니고 창고 내벽이 휘청거리고 있었다. 자세를 바로 하고 창고 밖으로 나오는데, 손녀가 가지고 놀던 모형 스마트 폰이 눈에 들어왔다. 집어들고 조심스럽게 걸어보려 했으나 그들이 보았을 때는 만취한 노인으로 보였을지도 모른다.

"야 저거 녹음기 아니야."

검사라는 사람이 호들갑스럽게 외쳤다.

"녹음기면 멀."

"야, 모라서 물어. 새로 부임한 검사가 근무시간에 밀감밭에 숨어 앉아 술이나 먹는다면 말이나 되냐구. 그렇잖아도 요즘 검사들의 매스컴에서 뭇매를 맞고 있는데."

"저기요, 아저씨 그거 저에게 팔아요."

천 회장이 할배에서 아저씨로 격상시키고 수그러진 기세였다.

"못 팔아요. 우리 손녀 꺼라서."

"아저씨 죄송합니다. 돈은 많이 드리지요. 얼마면 되겠습니까?"

천 회장이 수표 석 장을 검사에게 내밀었다.

"몇 개짜리야?"

"여섯 개."

"아저씨 이거 공이 여섯 개짜리 석 장입니다."

검사는 수표 석 장을 내 작업복 호주머니에 찌르고 손녀의 장난감 모형 스마트폰을 낚아채더니 돌 위에 올려놓고 가루가 되도록 찍어댔다.

"야 이런 행동 다 고발하는 거 아니야."

"저 아저씨는 혼자고 우린 셋이야. 저쪽은 증인도 없잖아. 어쨌든 입 열지 못하게 몇 마디 해둬."

그들이 나가버린 후 아내 얼굴이 떠있던 자리로 가 보았다. 밀감나무 상가지에 하얀 헌 비닐 조각들이 걸려 있었다. 아내가 그렇게 아끼던 나무다. 천팔백여 그루의 밀감나무 중에서 제일 먼저 익는 나무다. 소문이 나면 접순 달라고 귀찮게들 굴 것이고, 접순이 퍼지면 희귀성이 사라진다는 아내의 고집을 세워주었다. 한 번은 아내가 그 나무 주위에 설탕을 뿌리고 있었다. 아마 TV에서 북쪽동내 최고 상전이 먹을 사과나무에 꿀이나 설탕을 뿌린다는 말을 듣고 따라 해보는 것 같았다.

변형된 가지를 채취하여 접을 붙이고 번식시킨 것이 내년이면 맛을 보게 된다. 다른 나무보다 빠르게 익는 것은 확인됐는데 감미 확인은 일 년이 더 있어야 한다. 내년이면 꼭 손녀에게 먹어보도록 하고 그 맛을 평가 받으려 했었는데…….

바지 주머니에서 백만 원짜리 수표 석장과, 신경질 아가씨의 명함을 꺼냈다. '우군이 될 수도 있습니다. 이 말을 믿어야 할까. 될 수도 있으나 안 될 수도 있다는 해석이 나온다. 뭐 이쪽에는 빌미 잡힐 일이 다 쏟아졌으니 비밀도 없다 싶어, 명함의 번호로 핸드폰 번호를 찍었다.

'18:45에 통화하겠습니다. 적당한 장소에서 절대 혼자만 받으세요.' 라는 문자가 핸드폰에 찍혔다.

며칠 후 감귤원에 찾아온 천 회장에게 그 수표 석 장을 돌려 줘 버렸다. 그럴 줄 알았다느니, 아저씨 적으로는 이런 거금을 처리할 능력이 안 된 것 아니냐는 등, 자기들끼리 속닥거렸다. 가장 참기 힘들었던 한마디.

"아저씨가 이 돈, 먹었더라면 이 농장 관리 안 시키려 했는데…….

천 회장은 창고 내부에 방을 꾸미고 난방시설이며, 호텔에 가깝게 꾸미라고 자기 부하에게 지시했다.

"아저씨 다음 주 토요일 날 여기서 기념파티 열 계획인데 그 때 저 똥개 준비되지요."

"저 개는 안 됩니다. 그리고 똥개도 아닙니다."

"이 영감탱이가 나 참. 내 말을 거역할 입장이 된다는 거여 머야."

분을 못 참고 씩씩거리던 천 회장은 밀감나무 사이로 사라졌다.

"야 화장지 가져와."

한 과장이란 자가 화장지 뭉치를 들고 소리 나는 쪽으로 달려갔나.

"아, 나무 아래서 일을 보니 상쾌하다야. 귤나무 이파리 향기도 좋고, 스트레스가 그냥 달아나던데."

그들은 또 평상 위에 앉아 캔 맥주를 깠다. 천 회장은 검은 개에 감정이 많이 상한 것 같았다. 을도 못 되는 을의 아비일 뿐이고 그 을도 을의 자리마저 날아갈 판국에 '개는 안 됩니다. 똥개가 아니라고' 계속 빈정대었다.

"이 자본주의라는 게 말이야, 머리를 쓰면 쓸수록 불어 가거든. 부가 축적되어 간다는 말이다. 눈사람 한번 만들어 봐. 처음 굴리기 시작할 때 잘 깨져. 그 깨진 위를 큰 눈덩이가 지나가면 그냥 달라붙는 거야."

흔하게 떠도는 삼류 경제이론을 자기가 연구로 터득한 것이라도 되는 양 떠들었다.

며느리는 부지런히 경찰서로, 법률구조협회로, 변호사사무실 할 것 없이 뛰어다녔다. 신경질적인 아가씨는 통화하기로 한 약속시간에 전화 걸려왔다. 어마어마하게 큰일이 터지려 하고 있으니 아저씨하고 절대 신용할 수 있는 사람을 대동하고 삼상회의를 가져야 한다 했다. 어마어마하게 큰 일. 지금 닥쳐있는 일보다 더 큰 일이 벌어지고 있다면 사람이라도 살해했다는 것인지, 짐작 가는 게 없었다.

며느리를 대동하고 약속장소인 외진 펜션 구석방에서 아가씨 말대로 삼상회의가 아닌 삼자회의가 시작되었다.

신용담보로 설정된 석천리 932번지는 지적에 길, 즉 도로로 되어 있고, 면적도 114평뿐이다. 석천리 932-1번지는 1,718평인데 황인혁, 즉 아버님 명의로 되어 있다. 법원에 등기는 분명하게 분할이 안 된 1,832평 그대로이다. 이런 착오는 행정에서 도로확장하면서 분할하고 법원에 등기변경신청을 안 했기 때문에 생기는 착오이다. 내일 날이 밝으면 저편에서 아버님을 찾아가 담보설정 물건 변경신청을 하려고 도장을 찍도록 할 것이다. 따라서 오늘 밤부터 집에 주무시지 마시고 작전을 시행해야 한다. 내일 법원 등기소의 문이 열림과 동시에 분할 등기시청과 토지가처분신청을 해야 한다. 가처분신청자는 절대 믿을 수 있는 사람을 선정하여야 하며, 절대 비밀을 지켜 달라. 검사님에게 결재서류 가져갔을 때 곁눈으로, 메모지에 적혀있는 번지를 보고 등기소에 아는 친구를 통해서 뽑아낸 비밀이므로 저쪽에서 눈치채면 자기와 법원의 친구는 직장을 잃게 됨을 상기해 주셔야 한다. 천 회장과 새로 부임한 검사는 중·고등학교 동창이다.

메모용지에 지적도를 그려가며 한입에 설명하는 신경질적인 아가씨 말을 들은 며느리는 이쪽저쪽을 쳐다보면서 어리둥절한 모양이었다.

"아저씨 저를 모르세요? 삼 년 반 전에 산록도로에서……."

"아 그때 아가씨! 이름이?"

"안숙현입니다. 길옆 도랑으로 차가 굴러서, 아저씨가 아니었다면 골절된 다리뼈 사이에 혈액이 굳어져 영영 불구될 뻔했어요. 정말 고맙습니다."

"아니 뭘, 내가 아닌 다른 사람이라도 그 정도의 조치야 취했겠지요. 어쨌든 반가워요. 잊어버리지 않아서 주었고, 이렇게 크게 도움까지 받게 되다니."

"핸드폰도 박살 나서 연락을 취할 수도 없고 피투성이로, 사람 살리라고 죽을힘을 다해 소리쳤지만 내가 들어도 개미 소리였어요. 다행히 어디선가 아저씨가 달려오셔서 119 불러주셨고, 이렇게 온전한 사람이 됐어요."

"그런 일이 있었군요. 그런데 믿어지지 않네요. 왜 밭이 쪼개진 거죠?"

며느리 얼굴이 밝아졌다.

"예. 도로확장을 할 때, 넓힌 부분을 도로로 편입하면서 원 번지는 도로가 되고 남은 면적은 다시 몇으로 표기된 것입니다. 사고당시는 경황이 없어서 성함도 듣지 못했지만, 퇴원 후에 엄마하고 사고 지점을 몇 번 배회하여도 뵐 수 없어서, 지방신문에 공고도 했습니다."

"팩스 수신기록을 복원하려고 전문가에게 의뢰했는데 말을 들어보니 저쪽 발신 기록도 일치해야 한다는데 그런가요?"

며느리도 복원활동이며 정신없이 돌아다니는데 이 시아비란 사람은, 상해치상 아니면 살인 직전까지 갔었으니 한심할 뿐이다.

"저쪽을 지금 건드리면 귀찮고 이쪽에서 근거를 제시하여 고소가 들어가면 알아서들 수사합니다."

신경질적인 아가씨 아니, 안숙현 양은 손을 들어 주먹을 쥐고 "하이팅!"하고 외쳤다. 따라서 나도 며느리도 주먹 쥐고 "하이팅!"

삼 일 후 감귤원 창고 옆 평상에는 아들과 며느리 일곱 명의 직원들, 그리고 나와 손녀가 둘러앉았다. 평상 가운데 놓인 차반들에는 생두부, 소주, 돼지고기 찌개 등이 놓여있다.

"내 그럴 줄 알았다니까. 그 한 과장이란 사람 팩스용지 훔쳐간 줄 알았으나 정황이 없어서……."

"내가 불법으로 건물 개조하고 있는 건 하고, 무단 침입을 본서에 신고 해서 저놈들이 그냥 나가떨어진 것 같아."

직원들은 다들 자기의 공로를 자랑하는 모습들이 귀엽게 보였다.

"어쩔 거여? 택배 장사는 계속할 거여?"

"예 아버지. 계속하겠습니다."

"야 그럼 너의 아비 산골길 누비고 다녀야겠다. 흥부처럼 다친 제비 다리 찾으러."

"아버지 무슨 말씀이십니까?"

며느리와 눈이 마주치는 순간 며느리는 통곡을 했다. 일이 터지고 열흘 동안, 지옥이 따로 없었을 것이다.

경리 아가씨가 종이 한 장을 들고 왔다.

"모래 전국 대리점 사장회의는 우리 대리점에서 한답니다. 천 회장은 구속되었고 본사는 전국 대리점 사장 공동운영체로 이끌어 나갈 것 같다 합니다."

박수가 터졌다.

"회장은 무슨 얼어 죽을. 구멍가게 하나면 사장이고 한군데 더 있으면 회장이여"

"애미나이야 거 팩스 잘 놔두라우, 그러끼니 그거이"

"야 아바이네 말 쓰려면 확실히 배우고 써라."

한마디씩 기쁨의 농담을 이어갈 때 며느리가 눈을 닦으며 일어섰다.

"모든 분들이 애쓰셨어요. 제가 건배 제의를 하겠습니다. 후렴으로 복창은 위하여 입니다. 그러면, 우리를 위하여"

'위하여' 가 울려 퍼지고 박수칠 때, 한 과장이 과일바구니를 들고 어떤 부인을 데리고 들어오고 있었다.

"세영아 오늘은 할머니 보이지 않았어?"

"할부지도 참, 돌아가신 할머니를 어떻게 봐요?"

한 과장이 땅바닥에 꿇어앉았고 그 옆에서 천 회장 부인도 꿇어앉아 손바닥을 비비고 있는 옆을 지나며 한마디 하려다 말았다. TV에서 들은 말이라서.

'회장은 무슨 개뿔' 길고 긴 열흘이었다.

장 진 원

· 2018년 격월간 『서정문학』 시부문 신인상
· 2018년 계간 『경기소설』 신인상
· 서정문학 시창작분과 위원장
· 서정문학작가협회 사무국장
· 계간 『소설미학』 편집위원
· 경기소설가협회 회원
· 한국소설창작연구회 회원
· x001@naver.com

지하상가

지하상가

[1]

"여보세요, 생활정보지에 방 내놓으신 거 보고 전화 드렸습니다."

일호는 방을 구하고 있었다. 분당의 어느 전철역 인근 고시원에서 한 달을 지낸 일호는 세 평 정도의 비좁은 방이 불편하고 답답했으며, 생활 여건보다 방세가 터무니없이 비싸다고 생각했다. 그보다도 더 큰 이유는 한 달에 30만 원이 넘는 고시원 월세를 계속 충당할 자신이 없었다. 생활정보지에서 6평이나 되는 큰(?) 방이 월세가 15만 원이라는 광고를 본 일호는 눈이 휘둥그레져서 즉시 전화하고 방을 보러 가기로 했다.

일호는 상가분양을 전문으로 하는 부동산업자로 불과 한 달 전까지는 고급 오피스텔에서 살았다. 일호가 하는 일은 새로 짓는 상가건물의 분양권을 따내고, 분양계획을 세워 광고를 통해서 분양하게 되는데, 5~6개월의 짧은 기간에 목돈을 벌 수 있는 재미가 쏠쏠한 사업이었다. 맡은 업무를 끝내고 나면 새로운 일이 들어올 때까지는 여행을 다니기도 하고, 그 외의 시간은 주식투자로 시간을 보내왔는데, 최근에는 주식투자로 큰 손해를 본데다가 학교 선배에게 빌려주었던 거금을 받아내지 못하여 거지꼴이 되기 일보 직전이다. 일호는 이렇게 40대 중반의 나이가 되도록 돈을 벌었다 까먹기를 반복하며 장가도 가지 못한 채로 혼자 살고 있었다. 일호는 거지꼴이 되었다가도 재기한 경험이 있었기에, 기회는 다시 찾아올 거로 생각하며 재기를 노리는 중이었다.

일호는 방을 보러 가고 있었다. 분당의 탄천을 건너 아파트단지를 지나 3층짜리 작은 상가건물에 도착했다. 일호가 가는 곳은 그 상가건물의 지하다. 1층 현관으로 들어서니 편의점과 부동산사무실, 미용실도 보였다. 미용실 옆에 지하로 내려가는 계단이 있고, 계단을 내려가니 어두컴컴하고 공사를 하는지 목재와 공구들이 널브러져 있었다. 지저분하고 깨진 간판을 보고 마트가 있었던 곳이라는 걸 알았고, 작은 교회가 보이는데 문이 잠겨있는 것 같았고, 옷 수선집 옆으로 사무실이라고 써 놓은 문이 보였다. 일호는 그 문을 노크했다. 문이 열리더니 키가 크고 덩치가 산만 한 사람이 나오는데 흰 수염이 덥수룩하고 나이는 80세 정도 되어 보였다.

"방 보러 온다고 전화했던 사람입니다."

노인은 방을 보여주기 위해 일호를 안내했다. 노인을 따라가니 복도를 따라서 여러 개의 방이 보였는데, 방문에 1호부터 7호까지 쓰여 있었으며, 아직도 공간에는 여러 개의 방을 만들기 위해 공사를 하는 것으로 보였다. 노인은 1호라고 쓰인 방문을 열어 보여주었다. 방은 새로 도배가 되어서 그런지 깔끔해 보였고, 텔레비전과 작은 냉장고, 그리고 침대도 있었다. 방을 보여주며 설명하는 노인의 말투는 보기와 다르게 상냥하고 친절해 보였다. 그러나 일호의 말을 단번에 알아듣지 못하는 것으로 보아 가는귀먹은 것이 틀림없어 보였다. 일호는 고시원 방과 비교해서 훨씬 큰 방이 마음에 쏙 들었다.

"화장실과 욕실은 어디죠?"

노인은 공용화장실과 공용세탁실을 보여주었다. 화장실은 남자용과 여자용으로 각각 있었으며, 세탁실에는 십 년은 훨씬 더 되어 보이는 큰 세탁기가 있었고, 그 옆으로 샤워기가 있었다. 샤워는 할 수 있지만, 온수는 나오지 않는다고 했다. 곧 추워지면 샤워하는 것이 걱정되었지만 일호는 계약하기로 했다. 노인은 사무실이라고 쓰인 방문을 열고 들어가서 일호에게 들어오라고 했다. 그 방에는 노인이 사용하는 갖가지 물건들이 고물상처럼 어지럽게 널려있었고, 커다란 더블침대가 기세등등하게 한자리를 차지하고 있었다.

노인은 계약서를 작성하기 시작했다.

"이름이 뭐요?"

일호가 이름을 알려주자 노인은 너털웃음을 터뜨리며 농담을 했다.

"1호 방을 주기를 잘했구먼, 허허."

계약서에 주소를 쓰다가 일호와 노인은 같은 충남이 고향인 것을 알았고 서로 반가워했다. 계약서를 작성하고 나서 방 열쇠를 받은 일호는 즉시 고시원의 짐을 챙겨서 승용차에 싣고 이사를 했다. 늦더위가 기승을 부려 땀을 뻘뻘 흘리는 일호를 보고 노인은 선풍기를 갖다 주었다. 전에 그 방에서 살았던 사람이 놓고 간 것이라 했다. 일호는 같은 충청도 사람이라고 선풍기라도 챙겨주는 노인에게 정감을 느꼈다. 일호는 방에 짐을 들이고 정리를 마친 다음 침대에 걸터앉아 잠시 마음을 가다듬었다. 이제는 다시 마음을 다잡고 일을 열심히 해서, 돈을 벌면 주식투자 안 하고, 누구에게도 돈을 빌려주지 않을 것이며, 늦었지만 결혼도 해야겠다고 생각했다.

일호는 그렇게 결심을 하고 나서 명함철을 뒤적거렸다. 오경자라는 이름의 명함이 눈에 들어왔다. 오경자는 부동산사무소를 운영하는 공인중개사인데, 부동산과 건축에 관련된 인맥이 좋아서 한동안 일호에게 많은 도움이 되었던 사람이다. 그녀는 남편과 이혼한 뒤로 혼자 살았으며, 사람들은 그녀를 오 여사라고 불렀다. 한때 일호와 부동산 분양 업무를 같이 했었던 인연으로 알게 된 오 여사는, 일호를 남성으로서 마음에 두고 있었기에 물심양면으로 일호를 도와주었다. 일호는 열 살이나 나이가 많은 오 여사가 부담되었고, 호감이 가는 스타일도 아니었기 때문에 거리를 두고 있었는데, 일호가 다시 경제적으로 일어서기 위해서는 오 여사의 도움이 절실하게 필요했다. 일호는 오 여사를 만나보기로 했다.

"누님, 일호입니다."

"이런 젠장, 맨날 전화해도 안 받더니만 웬일이래?"

일호는 오 여사에게 전화를 걸어 어려운 사정을 말하며, 도움이 필요하니 만나자고 했다. 오 여사는 쌀쌀맞은 말투로 지금은 바쁘니 나중에 미리 전화하고 사무실로 찾아오라고 했다.

오 여사와의 통화를 끝내고 밖으로 나와 보니 날은 어두워졌다. 지하가 깊어 밖에 나오지 않으면 해가 어디에서 뜨고 어디로 지는지를 알 수가 없을 지경이었다. 일호는 근처 가까운 식당에서 순대국밥을 한 그릇 먹었고, 돌아오는 길에 마트에 들러 쌀과 라면, 그리고 몇 가지 채소와 반찬거리, 커피믹스를 사서 방으로 들어왔다. 커피믹스 한 봉지를 뜯어 종이컵에 붓고 휴대용 가스버너에 불을 켜고 주전자에 물을 끓였는데 옆방 2호에서 인기척이 들렸다. 1호와 2호의 방 사이는 조립식 패널로 된 칸막이로 되어있어서 방음이 거의 되지 않았다. 일호는 그래도 이웃인데 인사는 하고 지내야겠다고 생각하고 2호의 문을 두드렸다.

"누구세요?"

2호에서는 여자의 목소리가 들렸고 문이 열렸다. 40대로 보이는 아주머니였다.

"네, 옆방에 오늘 이사 왔는데 인사라도 드리려고요."

"아! 네, 처음 뵙겠습니다.

여자는 친절하고 부드러워 보이는 인상에 말투는 어눌했다. 조선족이라고 했고, 근처에 있는 병원에서 병간호하는 일을 한다고 했다.

일호는 간단히 자기를 소개하고 방으로 돌아와 커피를 마시면서 피로해 보이는 옆방 아줌마의 얼굴을 떠올리며 저 아줌마도 사는 게 힘이 들 것으로 생각했다.

아침 일찍부터 문밖에서 뚝딱거리는 소리에 일호는 잠에서 깨어났다. 방문을 열어보니 지하상가 주인 할아버지가 작업하고 있었다.

"안녕하세요! 일찍부터 일하시네요."

"어이! 잘 잤어? 빨리 방을 꾸며야 또 세를 놓지. 허허."

일호는 샤워 도구를 들고 세탁실로 들어가 샤워를 했다. 낮에는 아직 더운 초가을이지만 아침에 샤워하기에는 물이 너무 차가웠다. 이제 곧 날씨가 추워질 것을 생각하니 더욱 소름이 돋았다. 거울을 보던 일호는 이발해야겠다고 생각했다. 상가 1층에 미용실이 있었던 게 생각났다. 10시쯤 되면 미용실 영업을 시작하겠다고 생각하고, 라면을 끓여 먹고 나서 커피를 마시며 텔레비전을 보고 있었다. 뉴스에서 뇌물 받은 정치인이 증거불충분으로 풀려났다는 걸 보고 일호는 혀를 끌끌 차며 한숨을 내쉬었다. 매일같이 나오는 성범죄에 관한 뉴스는 채널을 돌리게 했고, 다른 채널에서는 대형마트에 불이 났다는 뉴스가 나왔다.

"불은 맨날 나고, 사람은 맨날 죽어도 사람들은 항상 똑같다니까! 도대체 정신들을 못 차려."

시계를 보고 나서 밖으로 나가면서도 일호는 혀를 끌끌 찼다.

"안녕하세요. 머리 좀 자르려고요."

"처음 보는 양반이네."

일호는 미용실에서 머리를 자르며 미용실 아줌마와 대화를 나누던 중에 상가 주변 사람들에 관한 얘기를 많이 들었다. 미용실 아줌마는 60대 중반쯤 되어 보이는 나이에 키가 작고 다부진 모습이었는데, 그곳에서 오랫동안 미용실을 운영했기 때문에 상가 주변의 이야기를 많이 알고 있었다. 그래서 이발을 하는 동안 지하상가 할아버지와 2호 조선족 아줌마, 그리고 다른 방에 거주하는 사람들에 관한 얘기도 들었다.

"특히, 그 할아버지 조심하고 잘 살펴봐요."

"왜요?"

"치매가 있는 것 같고, 여러모로 좀 이상하니까, 잘 살피고 조심해요."

"아, 네."

미용실을 나온 일호는 오 여사를 만나러 갔다. 오 여사는 미리 전화하고 오라고 했지만, 일호는 그냥 찾아가면 만날 수 있을 것으로 생각했다.

"아이고, 누님, 여전하시네!"

"이런, 염병! 전화하고 오라니까. 지금 점심 약속이 있어서 나가봐야 하니까 나중에 보자고."

오 여사는 일호의 어깨를 밀치고 휙 나가버렸다. 분양에 관한 일거리를 좀 알아보려고 오 여사를 만나러 왔던 일호는 허탈한 마음으로 부동산 사무소를 나서야만 했다.

도로에는 낙엽이 쌓이기 시작했고, 일호가 지하상가로 이사 온 지도 어느덧 한 달 하고도 일주일이 더 지났다. 일호는 불안했다. 날씨는 점점 추워지고 일거리는 아직도 없다. 방에서 문밖으로 나가기도 두렵다. 혹시나 상가 주인 할아버지를 만나게 되면 월세를 달라고 독촉할 것 같았기 때문이다. 월세를 내기는커녕 당장 있는 쌀이라도 떨어지면 끼니를 걱정해야 하는 상황이었다. 이런저런 생각과 고민을 하다 보면 항상 오 여사가 일호의 머릿속을 스쳐 지나갔다.

"오 여사, 오 여사라!"

일호의 경제적인 위기를 극복하게 해줄 수 있는 사람은 오 여사뿐이라는 생각이 자꾸만 드는 것이었다.

"이상하네, 연락도 한번 없고, 다른 남자라도 생겼나?"

갑자기 일호의 전화기 벨이 울렸다. 발신 번호를 보니 오 여사의 전화번호였다. 일호는 반가운 오 여사의 전화를 태연한 듯이 받았다.

"염병! 어디여?"

"이제 염병 소리 좀 그만하시죠, 듣기 거북한데."

"그날 그렇게 왔다 가고 어떻게 전화도 한 통 없냐?"

"전 누님이 전화 주실 줄 알았죠."

"내가 좀 바빠서, 그런데 어디냐고?"

"숙소에요, 요즘 일이 없어서."

"오피스텔?"

"아뇨, 이사했어요."

"어딘데? 내가 가보게."

일호는 당황했다. 어두컴컴한 지하상가를 개조해서 방을 꾸며 놓은 곳에서 사는 꼴을 오 여사에게 보여주기가 싫었다. 그래서 다른 곳에서 만나자고 했지만 오 여사는 일호가 사는 꼴을 보겠다고 한사코 찾아온다고 했다. 일호는 순간적으로 이런 모습을 오 여사에게 보여주는 것도 나쁘지 않겠다는 생각이 들었다. 누추하게 사는 꼴이 도움을 청하는 데 도움이 될 거로 생각했기 때문이었다. 일호는 오 여사의 전화기에 문자로 주소를 찍어 주었고 오 여사는 저녁때 온다며 맥주나 한잔하자고 했다.

오 여사와의 통화가 끝나고 일호는 한참 동안 생각에 잠겼다. 오 여사에게 일을 주선해 달라고 부탁해야 하고, 또 생활비는 물론이고 사업자금도 좀 빌릴 생각에 마음도 들뜨고 한편으로는 걱정도 되었다.

고민하던 시간이 흐르고 오 여사에게서 전화가 왔다.

"여기가 맞는 것 같은데, 지하로 내려가는 곳이 왜 이렇게 컴컴해?"

일호는 전화를 받으며 방문을 열고 나가서 지하상가 복도의 전등을 켰다. 그러자 계단을 내려오는 오 여사의 모습이 보였다.

"맙소사! 어쩌다가 이런 델 온 겨?"

"쉿! 조용하고 들어오세요."

일호는 오 여사를 의자에 앉게 하고 커피 물을 끓였다.

"믹스커피라도 한잔하시죠."

"줘봐, 그런데 어떻게 된 겨?"

"쉿! 목소리 좀 낮춰요. 여긴 말하는 소리가 지하 전체에 다 들려요."

일호는 오 여사에게 종이컵에 커피를 타서 건네고 침대에 걸터앉았고 작은 목소리로 소곤대기 시작했다.

"이런 젠장! 침대에서 아무것도 못 하겠네."

일호는 예상했던 대로 드디어 올 것이 왔다고 생각했다.

"여기 답답하니 일단 나가시죠! 맥주 사준다고 했잖아요."

“염병! 언제 사준다고 했냐? 먹자고 했지.”

일호와 오 여사는 밖으로 나가 호프집으로 가서 마주 앉아 지난 일들을 얘기하며 술을 마셨다.

“그래서, 어떻게 할 건데?”

“어찌하면 좋겠어요?”

“일단 짐 챙겨서 내 오피스텔로 들어와! 내 말만 잘 들으면 만사형통인데 왜 그렇게 튕겨?”

오 여사는 목소리가 점점 더 커졌고 술에 취해 혀가 꼬이기 시작했다.

“그만하시죠? 저녁도 안 먹고 술을 마셔서 그런지 빨리 취하네요.”

“야! 인마, 취하려고 마시지. 더 따라봐 인마.”

일호는 진땀이 나기 시작했다. 목소리가 커지고 욕을 해대기 시작하면 곧 펑펑 울어 댈 거라는 오 여사의 술버릇을 일호는 잘 알고 있었다. 일호는 오 여사를 부축하여 계산대 앞으로 가서, 오 여사의 핸드백 속 지갑에서 카드를 꺼내 술값을 계산하고 밖으로 나갔다. 주변을 둘러보니 그리 멀지 않은 곳에 모텔이 보였다.

일호는 오 여사를 모텔 침대에 뉘고 힘이 들었는지 숨을 몰아쉬었다.

“야, 인마! 술 더 마시자니까.”

오 여사는 몇 번을 같은 말을 내뱉더니 잠이 든 것 같았다. 일호는 급한 듯이 화장실로 뛰어들어갔다. 맥주를 많이 마셔서 그런지 일호의 오줌 줄기는 세차게 변기를 씻어냈다. 일호는 몸을 부르르 한번 떨더니 한숨을 크게 내쉬었다. 화장실에서 나와 보니 오 여사의 재킷은 바닥에 내팽개쳐져 있었고 블라우스의 단추가 풀려있어 브래지어 위로 봉긋한 가슴이 솟아올라 있었다. 치마는 엉덩이 근처까지 올라가 있어 스타킹과 팬티 사이의 허벅지가 뽀얗게 드러나 있었다. 일호는 흐트러져 잠든 오 여사의 모습을 물끄러미 쳐다보고 있었는데 참으로 이상한 생각이 들었다. 평소에 치마를 두른 여자의 종아리만 보아도 아랫도리가 꿈틀거렸던 일호는 모텔방에 누워서 '나 잡숴요' 하듯 잠든 오 여사를 보고는 아무런 몸의 반응이 없는 것이었다.

한참을 생각에 잠겨있던 일호는 오 여사의 몸을 이불로 덮어주고 모텔을 나섰다.

일호는 지하상가 계단을 내려오다가 깜짝 놀랐다. 커다란 쥐가 계단 아래에 놓여있는 쥐 잡는 끈끈이에 달라붙어 죽어 있는 것이었다. 지하상가에 무리를 이루고 함께 지내던 쥐를 퇴치하겠다고 쥐덫을 놓는다더니 상가 주인 할아버지가 그렇게 한 모양이다. 방으로 들어온 일호는 커피를 마시려고 주전자에 물을 받다가 옆방에서 무슨 소리가 나서 귀를 기울였다. 옆방에 사는 조선족 아줌마가 울고 있는 것 같았다. 밤 열두 시가 넘은 새벽 시간에 잠을 안

자고 울고 있는 옆방 아줌마가 무슨 사연이 있는지 궁금해하다가 일호는 잠이 들었다.

아침이 되어 잠에서 깨어난 일호는 방문을 열고 옆방의 문을 쳐다보았다. 2호의 방문은 자물쇠로 잠겨 있었다. 출근한 모양이다. 일호는 궁금했다.

공원에 나가서 산책하고 난 일호는 돌아오는 길에 미용실에 들렀다. 동네 소식에 밝은 미용실 아줌마에게 무슨 얘기라도 들을 수 있을까 하는 생각이었다.

"안녕하세요."

"네, 어서 와요. 어제 그 영감 또 사고 쳤다며?"

"아니, 그게 무슨 말씀이세요?"

"몰라요? 어젯밤에 없었어요?"

"네. 늦게 들어왔어요."

"글쎄, 그 영감탱이 왜 그 모양인지."

미용실 아줌마는 어젯밤에 있었던 얘기를 들려주었다. 상가 주인 할아버지는 술만 먹으면 지하상가에 세 들어 사는 여자들을 건드린다는 것이다. 나이가 팔십이 넘어서도 젊었을 때의 버릇이 남아 있어서 사교댄스장으로 춤도 추러 다니고, 여자를 꽤 밝히는 사람이라고 했다. 지난밤에도 술을 먹고 2호에 사는 조선족 아줌마를 어떻게 해보려다가 안 되니까 뺨을 때리고 발로 걷어차서 경찰까지 출동했었다고 했다.

"그랬었군요. 그런데 아주머니, 나이가 팔십이 되어도 그게 될까요?"

"되긴 뭐가 돼. 버릇에 그냥 술 먹고 헛물만 켜는 거지."

"그렇겠죠? 하하하."

"내가 전에 잘 살펴보라고 했잖아, 그리고 왜 꼭 사람을 때린대? 세 살 버릇 여든까지 간다더니만."

일호는 미용실에서 나와 지하로 내려갔다. 방문을 열려고 하는데 옆방 조선족 아줌마가 지하 복도로 들어오고 있었다. 일호는 태연한 척 인사를 했다.

"안녕하세요. 일찍 퇴근하셨네요?"

"아닙니다. 다른데 방을 알아보고 왔습니다."

"이사 가시게요?"

"그래야 할 것 같습니다. 그럼 이만."

옆방 아줌마는 표정이 어둡고 피곤해 보였고, 방으로 들어가서 잠을 자는지 한동안 아무 소리도 들리지 않았다.

일호는 침대에 누워서 어젯밤에 오 여사를 만났던 일과, 옆방 아줌마에 대한 생각으로 하루를 보냈다. 오 여사를 다시 만나기는 어려울 거라는 생각이 들었고, 앞으로 살아갈 일이 걱정되었다. 그런 와중에서도 일호의 머릿속에는 옆방 조선족 아줌마의 모습이 자꾸만 떠올랐다. 고생해서 거칠어 보이는 피부이지만 순박하게 생긴 얼굴 모습, 투박하고 어눌한 말투이지만 정감 있는 목소리, 작은 체구에 다소곳한 걸음걸이는 중학교 다닐 때 교통사고로 돌아가신 어머니의 모습과 닮았다고 생각했다. 이런저런 생각을 하며 텔레비전을 보기도 하고 침대를 뒹굴다가 일호는 잠이 들었다.

한참을 자다가 깨어보니 텔레비전은 아직도 켜져 있었고 마감 뉴스를 하는 것을 보니 자정도 더 지난듯했다. 매일같이 고민이 많아 잠자리가 편하지 않았었는데 오랜만에 꿀잠을 잤다.

샤워하고 싶었지만, 온수가 나오지 않으니 망설여졌다. 사우나에 가서 뜨거운 온탕에 몸을 푹 담그고 싶은 마음이 간절하지만, 바닥이 보이는 통장 잔액 때문에 엄두가 나지 않았다. 일호는 주전자에 물을 가득 담아 가스버너에 올리고 물을 끓였다. 펄펄 끓은 물 주전자와 샤워 도구를 가지고 세탁실로 향했다. 그런데 세탁실에서는 물을 뿌리는 소리가 났다. 누군가 이미 샤워하는 모양이다. 일호는 다시 주전자를 들고 방으로 들어왔다. 텔레비전에서는 마감 뉴스가 끝났다. 채널을 이리저리 돌리고 있는데 옆방에서 방문 여는 소리가 들렸다.

"먼저 샤워를 했던 게 옆방 아줌마였군. 저 아줌마도 나만큼 어려운가 보네."

일호는 옆방 아줌마가 샤워하는 모습을 상상했다. 심장이 점점 빨리 뛰고 있는 것을 느꼈고 하체가 무거워지는 듯했다. 일호는 잠시 후 화장지 한 뭉텅이를 둘둘 말아 쓰레기통에 집어 던지고 주전자를 들고 세탁실로 갔다. 간단히 샤워를 마친 일호는 운동복을

입고 산책을 나섰다. 터벅터벅 밤이슬을 맞으며 동네 한 바퀴를 돌고 나서 지하상가 근처 어린이 놀이터를 지나다가 놀이터 의자에 앉아있는 옆방 아줌마를 발견했다.

"쌀쌀한데 왜 여기 나와 계세요? 안 주무시고."

"낮잠을 자서요."

"저도 낮잠을 자고 나서 산책을 하던 중입니다. 허허."

"일은 안 하시나 봐요?"

"네, 요즘 일이 없어서 걱정입니다. 아무래도 이제 어디라도 가서 막노동이라도 해야겠어요. 그런데, 어제 무슨 일 있었다던데."

"그래서 이사 가려고요. 나 같은 사람은 왜 그냥 조용히 살기조차 힘든 거죠?"

"그러게요. 살아가는 것이 마치 무언가에 끌려다니는 것 같습니다."

"저기, 밤이 늦었지만 괜찮으시면 술 마실래요?"

"아, 저는 술 먹을 돈이 없는데."

"돈은 제가 낼게요."

일호는 산책하다가 보았던 포장마차로 옆방 아줌마를 안내했다.

"혹시 이름이 뭔지 물어봐도 될까요? 저는 일호입니다. 유일호."

"그래서 1호에서 사시나 봐요. 호호. 저는 황춘란이에요."

일호와 춘란은 동갑내기였다. 춘란은 중국에서 살 때 남편이 사고로 죽었고 돈을 벌기 위해서 한국에 왔다고 했다. 중국에 두고 온 딸이 하나 있다고 했다. 춘란은 중국에 살았던 얘기와 한국에 들어와서 살았던 이야기들을 했고, 일호도 자신이 지내왔던 이야기를 했다. 이야기하고 들어주며 서로 마음이 편안해지고 위로가 되고 있음을 느꼈다. 춘란은 술을 잘 먹지 못했고, 일호는 대화하며 입이 말라서 그런지 소주로 계속 입을 적셔가며 말했다.

"춘란씨, 전화기 줘 봐요. 내 전화번호 찍어 줄 테니 앞으로 무슨 일 있으면 전화해요."

춘란은 일호가 찍어준 전화번호를 '착한 아저씨' 라고 저장했다.

일호와 춘란은 새벽까지 많은 대화를 나누고 각자 방으로 들어가서 잠을 청했다.

일호는 점심때쯤 되어서야 잠에서 깼고, 세탁할 빨래와 세면도구를 들고나와서 춘란의 방문을 보니 자물쇠로 잠겨있었다. 세탁실로 향하던 일호의 눈은 노인의 눈과 정면으로 마주쳤다. 오랜만에 본 노인의 얼굴은 처음에 느꼈던 정감 있는 같은 고향의 할아버지가 아니었다. 일호는 고개를 푹 숙이고 인사를 했고 할아버지는 두 눈을 부릅뜨고 소리쳤다.

"방세 줘!"

"곧 드리겠습니다. 죄송합니다."

"그게 언제여?"

"일주일 정도만 시간을 주세요."

"그때면 한 달 치 더 줘야지!"

"네, 그러겠습니다. 꼭 드릴게요."

"안 그러면 방 빼는 겨!"

일호는 할아버지를 피해 허리를 구부리며 세탁실로 들어서며 한숨을 내쉬었다. 얼굴이 화끈거리고 화가 나서 속으로 구시렁댔다.

"영감탱이, 목소리는 꽤 크네."

일호는 세탁실에서 나와 1층에 있는 슈퍼마켓에서 담배를 한 갑 샀다. 방으로 들어온 일호는 담배를 꺼내 물고 불을 붙이고 연기를 깊게 들이마셨다가 크게 한숨 쉬듯 내뱉었다. 순간 머릿속이 팽 도는 느낌이었다. 오랜만에 피워보는 담배였기 때문이었다. 일호는 약 6개월 전에 담배를 끊었었다. 전화벨이 울린다.

"여보세요."

"춘란입니다."

"아! 네, 어디세요?"

"방 알아보러 왔는데 와서 좀 도와주실 수 있어요? 죄송합니다."

"어딘데요? 주소 알아봐서 문자로 보내세요. 바로 가볼게요."

잠시 후 춘란에게서 문자 메시지가 왔고 일호는 급히 차를 몰고 출발했다. 내비게이션은 일호의 자동차를 좁은 골목으로 안내했다. 막다른 골목에 지어진 지 오래되어 보이는 주택이 있었고 그 집 대문 앞에 춘란이 서서 기다리고 있었다.

"춘란씨! 이 집인가요? 방을 알아보는 게?"

"빨리 오셨네요. 네, 여기입니다."

"제가 뭘 도와드리면 되죠?"

"여자가 혼자서 살만한 집인지, 그리고 집세가 적당한 건지, 그리고 서류도, 제가 잘 몰라서요."

"네, 알았어요. 집주인은 안에 있죠?"

일호는 집주인과 대화를 하면서 궁금한 것들을 꼼꼼하게 물어보고 방을 둘러보았다. 춘란이 구하려는 방은 2층에서 철제계단으로 올라가야 하는 옥탑방이었다. 옥상에는 가꾸어지지 않은 화단이 있었고, 깨지거나 흙만 채워져 있는 화분들이 여기저기 뒹굴고 있었고, 고물과 쓰레기도 널려 있었다. 조립식 패널로 만들어진 방은 2개가 있었는데 그중 한 개는 다른 사람이 살고 있다고 했다. 일호는 방안에서 수돗물이 잘 나오는지, 보일러는 어떤지, 화장실까지 꼼꼼히 살펴보았다.

"춘란씨! 여기 옆방엔 어떤 사람이 산답니까?"

"저처럼 혼자 사는 아줌마래요."

"그럼 됐네요. 버스정류장이 조금 멀지만, 그런대로 괜찮은 것 같아요. 등기소에 가서 확인하고 이상 없으면 계약해도 되겠어요."

"아! 네."

일호와 춘란은 함께 등기소로 가서 부동산등기부등본을 열람하였다.

"춘란씨, 이상 없는데 바로 계약하러 갈까요?"

"네."

일호와 춘란은 계약서를 작성하고 다음 날 이사하기로 하고 보증금과 첫 달 월세까지 내고 돌아왔다.

"수고 많으셨는데 제가 저녁 사드릴게요."

일호는 좋았다. 춘란을 도와준 것도, 춘란과 함께 저녁 식사를 하는 것도.

지하상가 1호의 방문 앞에는 오 여사가 서 있었다. 자물쇠로 잠긴 방문을 보고 나서 주위를 살펴보더니 사무실이라고 되어있는 방문을 두드렸다. 노인이 나왔다. 오 여사는 깜짝 놀랐다. 오 여사와 노인은 놀란 눈빛으로 서로의 눈을 바라보았다. 그러더니 갑자기 오 여사가 뒤돌아서 도망치기 시작했다. 노인은 한동안 움직이지 않고 그 자리에 서 있었다.

노인은 주머니에 돈만 있으면 양복을 빼입고 자전거를 타고 외출을 한다. 젊어서부터 춤을 좋아하고 여자를 좋아했던 터라서 그 버릇이 여태까지 남아있는 것이다. 늙어서 걸음걸이조차 뒤뚱거리는 노인이 아직도 스텝을 밟으며 살아가고 있다. 그리고 어떻게든 기회를 만들어 여자를 덮친다. 노인은 거칠고 투박하게 여자를 쓰러뜨린다. 여자는 노인에게서 도망치려 한다. 노인은 여자의 뺨을 때리고 발로 걷어찬다. 여자는 가까스로 도망친다.

자신의 승용차에 올라탄 오 여사는 그때의 기억을 잊어보려고 머리를 좌우로 흔들었다. 그리고 급히 자동차를 몰고 사라졌다.

잠시 멍하게 서 있던 노인은 화장실로 향했다. 노인은 항상 여자 화장실에서 볼일을 본다. 그리고 오고 가며 여자가 사는 방을 수시로 기웃거린다. 2호에 사는 춘란도 그런 노인에게 당하고 이사를 준비하는 것이었다. 지하상가에 노인에게 세 들어 사는 사람들은 그런 노인에게 어떠한 말도 하지 못했다. 모두가 자신들이 처한 어려움을 견디며 살기에 바빴고, 대부분은 월세를 제때에 내지 못하는 형편이었기 때문에 노인에게 잘못 보이면 쫓겨날까 봐 두려워했다.

일호와 춘란은 저녁 식사를 하고 지하상가로 돌아와 방문 앞에서 눈인사하고 헤어졌다. 일호는 침대에 누워 춘란과 함께했던 하루를 생각했고 입가에는 미소가 흘렀다. 다음날, 일호와 춘란은 춘란의 방에서 살림살이를 모두 꺼내다가 일호의 승용차에 가득 실었다. 새로 얻은 춘란의 집으로 이사를 하는 날이다. 춘란은 흥가분했다. 일호는 승용차 안에서 운전하며 춘란에게 물었다. 노인을 고소 안 하냐고. 춘란은 안 한다고 했다. 일호가 미용실 아줌마에게 들었던 얘기로, 지하상가에서는 그동안 여러 가지 사건이 많았는데, 특히 성폭행을 당했던 여성 세입자들과 월세를 제때 내지 못해서 얻어맞은 사람들도 많았는데, 고소한 적은 있지만, 노인은 신기하게도 단 한 번도 입건이 된 적이 없었다고 했다. 그리고 지하상가에는 소방시설도 제대로 갖추어지지 않았고, 불법으로 건물을 개조해서 방을 만들어서 세를 놓고 있었는데도 단속이 나온 적은 있지만 어떠한 조치도 없이 여태 지내왔다고 했다. 일호는 춘란에게 이제는 다 잊고 이사 가서 마음 편히 잘 지내라며 위로의 말을 했다. 춘란은 그런 일호의 말이 따뜻하게 느껴졌다. 일호는 새로 이사한 춘란의 방에서 함께 살림살이를 정리하고 새로 필요한 물건도 사다 주었다. 깔끔하게 정돈된 방에서 일호와 춘란은 서로 바라보며 환하게 웃었다.

일호는 지하상가로 돌아왔다. 방문을 열고 들어가려고 하는데 뒤에서 노인이 불렀다. 노인은 뒤돌아보는 일호의 멱살을 잡았다. 일호의 멱살을 움켜쥔 노인은 손을 번쩍 들어 올렸다. 일호는 숨이 콱 막혀 아무런 말도 할 수가 없었다. 80대의 노인이라고는 도저히 믿기지 않는 완력이었다.

"이놈, 여자를 빼돌려?"

노인은 소리치며 일호를 밀어버렸다. 일호는 바닥에 엉덩방아를 찧고 나서야 말을 할 수 있었다.

"왜 이러세요?"

"세도 제때에 못 내는 놈이 여자를 빼돌려?"

노인은 소리치며 다시 일호의 멱살을 잡으려고 다가왔다. 일호는 순간 도망쳐야 한다고 생각했다. 일호는 뒤돌아서 엉금엉금 기더니 벌떡 일어서서 도망치기 시작했다. 뒤도 돌아보지 않고 계단을 뛰어올라 밖으로 도망쳤다. 일호는 근처 공원까지 쉬지 않고 달렸다.

"후유, 참 나 원 별일 다 있네."

크게 한숨을 돌린 일호는 비참한 생각이 들었다. 죽여 버리고 싶었고, 죽어버리고 싶었다. 일호는 차가운 벤치에 등을 대고 누운 채로 골똘히 생각에 잠겼다.

일호는 승용차에서 가방을 꺼냈다. 낚시나 등산을 갈 때를 대비하여 늘 승용차에 싣고 다니는 옷 가방이었다. 모자가 달린 운동복을 꺼내서 승용차 안에서 갈아입었다. 그리고 어두워질 때까지 차 안에서 기다렸다. 승용차 안에서 잠시 눈을 붙였던 일호는 상가 주변이 어두워지자 계속해서 무엇인가를 기다렸다. 드디어 지하상가 계단을 빠져나오는 노인이 보였다. 노인은 말끔한 정장 차림으로 자전거를 타고 나갔다. 외출하는 노인을 확인한 일호는 지하상가로 들어섰다. 방에 들어가서 자신의 물건을 모두 꺼내서 승용차에 실었다. 그리고 차를 눈에 잘 띄지 않으면서 상가 주변을 잘 관찰할 수 있는 곳에 주차했다. 그리고 또 승용차에 앉아서 무엇인가를 골똘히 생각하면서 앉아 있었다. 그때 일호의 승용차 앞으로 운동복에 달린 모자를 쓰고 마스크를 한 사람이 지나갔다. 여자인지 남자인지도 분간이 가지 않는 사람이었다. 작은 체구로 보아 여자일 가능성이 크다고 일호는 생각했다. 일호는 두 시간 정도 차 안에서 잠을 자야겠다고 생각하고 눈을 붙였다. 그리고 그 정도의 시간이 흐르고 나서 일호는 주변을 관찰하기 시작했다. 드디어 노인이 나타났다. 그런데 혼자가 아니고 둘이었다. 자전거를 상가 주차장 옆에 세우더니 지하상가 계단을 내려갔고, 그 뒤를 따라 들어가는 사람이 있었는데 나이가 60세 정도 돼 보이는 여자인 것 같았다. 일호는 미용실 아줌마가 해준 얘기를 떠올렸다. 춤추러 갔다가 나이든 아줌마를 하나 낚아온 거로 생각했다. 그때였다. 약 두 시간 전에 일호의 승용차 앞을 지나갔던 그 사람, 마스크를 벗으며 다시 일호의 승용차 앞을 지나갔다. 일호는 잽싸게 차 문을 열고 나와 가늘게 소리쳤다.

"춘란씨?"

뒤를 돌아보는 여자는 분명 춘란이었다.

"아저씨!"

일호는 춘란에게 차에 타라고 했다. 일호의 승용차 뒷좌석에는 여러 가지 살림살이들로 복잡했다. 일호는 조수석의 차 문을 열어주었다. 조수석에 앉은 춘란은 운전석에 앉은 일호에게 물었다. 여기서 뭐 하냐고, 차에는 왜 물건이 많으냐고. 그리고 어두워서 일호의 차를 몰라봤다고 했다. 일호는 되물었다. 여기에 왜 왔냐고, 그것도 어두운 밤중에, 모자까지 뒤집어쓰고.

춘란이 갑자기 울음을 터뜨렸다. 그리고 말했다. 죽여 버리고 싶다고. 밤마다 그 괴물이 떠올라 참을 수가 없었다고. 춘란의 손에는 신문지로 둘둘 말은 칼자루가 쥐어져 있었고, 그 손은 떨리고 있었다. 그리고 그녀의 입술은 더욱 심하게 떨었다. 노인이 어떤 여자와 들어가는 것을 보고 분노가 더욱 치밀어 올랐지만, 다음 기회를 볼 수밖에 없었다고 했다.

일호도 춘란의 물음에 답을 했다. 낮에 있었던 얘기를 해주었고, 죽이고 싶었다고.

일호는 춘란의 손을 잡았다. 춘란은 일호의 손을 더욱 꼭 잡았다.

[2]

볕이 들지 않는 음지에도 어둠이 등을 보이며 달아나야만 하는 새벽이 어김없이 찾아온다. 밝은 세상에서 형체를 유지하지 못하고 흐물거려 금방이라도 녹아내릴 듯한 몸뚱어리만 겨우 챙겨서 숨어드는, 세상의 또 다른 음지에서도 낮과 밤이 자리다툼을 하느라 엎치락뒤치락하고 있다.

부도난 지하상가에 십여 개의 방을 만들어놓고 임대업을 하는 강 노인에게서 벗어난 일호와 춘란은 벚꽃이 만개한 성남시의 어느 작은 공원에서 하객도 없이 둘만의 조촐한 결혼식을 올리고 남한산성으로 신혼여행을 다녀왔다.

강 노인은 지하상가의 남은 공간을 빽빽하게 채워 방을 만들어 세를 놓았다. 일호가 비워놓은 1호실엔 트럭을 몰고 다니며 고물을 줍는 30대 청년 광철이 들어왔다. 광철은 부모가 남기고 간 유산으로 유통업에 손을 댔다가, 사기를 당하여 알거지가 된 후, 공사판을 전전하다가 중고트럭을 하나 장만했다. 고물 줍는 일은 공사판에서 일 할 때보다 수입은 적었으나, 체력이 약한 광철은 일이 고되지 않고 시간이 좀 더 자유로운 일을 찾았었다. 광철이 들어온 지 며칠 지나지 않아 춘란이 살았던 2호실에는 70대 중반의 나이로 보이는 노인이 들어왔는데, 삐쩍 마른 체구에 신장은 꺽다리처럼 크고 목소리는 괄괄했다. 그런데 광철의 방으로 그 노인이 누군가와 통화하는 소리가 자주 들려왔는데 영어로 말하는 소리였다. 방 사이의 벽은 방음이 되지 않았기 때문에 밤낮으로 알아듣지도 못하는 괄괄한 목소리에 광철은 서서히 짜증이 나기 시작했고 그럴 때마다 담배를 꺼내 물었다.

"이봐, 젊은이! 담배 좀 밖에 나가서 피우면 안 되겠나? 담배냄새 때문에 숨을 못 쉬겠어."

옆방의 노인이 벽을 두드리며 소리치자 광철이 방문을 박차고 나갔다. 그 소리를 듣고 노인이 방문을 열고 머리를 내밀며 말했다.

"왜! 내가 틀린 말이라도 했나?"

"이봐요, 영감님! 내가 원래 방에서는 담배를 안 피우는데, 영감님이 짜증 나게 하니까 그런 거 아닙니까! 그리고 언제 봤다고 반말입니까!"

"아니, 이 어린놈이 어디서 버르장머리 없이 소리를 쳐!"

노인이 방에서 나와 광철의 멱살을 잡았고, 갑자기 지하상가가 시끄러워지자 그 소리에 주변 사람들이 모여들었는데 모두 보고만 있었고, 뒤늦게 강 노인이 나타나서 서로 멱살을 잡고 엉겨붙어 있는 두 사람을 떼어놓았다.

“어허, 이 사람들이 이웃끼리 친하게 지내야지, 왜 싸움질이여!”

강 노인은 두 사람을 방으로 들여보내며 말했다.

“들어가서 진정하고 있다가 한 시간 후에 내가 부르면 두 사람 다 창고 방으로 좀 와, 내가 화해시켜 줄 테니.”

한 시간이 지난 후에 광철과 2호실 노인은 강 노인의 창고로 갔다. 창고에는 진열대 위로 여러 가지 공구들이 놓여 있었고, 여기저기 잡다한 물건들이 어수선하게 널브러져 있었는데 한쪽 구석 테이블 위에는 소주 몇 병과 방금 강 노인이 직접 요리한 돼지고기 두루치기가 들어있는 프라이팬이 놓여있었다.

“내가 오늘 안 그래도 새로 들어온 두 사람 불러서 한잔하려고 했었는데 그새를 못 참고 싸움질이여!”

세 사람은 테이블에 둘러앉았고 강 노인이 소주병을 들고 두 사람에게 술잔을 건넸다. 광철은 강 노인의 술잔을 받고 나서 벌떡 일어나 강 노인의 술잔에 술을 따르며 말했다.

“방음도 안 되는데 밤이나 낮이나 통화하는 소리에 짜증나 죽겠습니다. 그런데 왜 전화할 때는 영어로 말씀하시는지 모르겠어요.”

“미안하게 됐소. 주의하리다. 내가 필리핀에서 살다가 와서 국제전화를 많이 해서 그렇소.”

"저도 죄송합니다. 이제 실내에서 담배를 피우지 않겠습니다."

세 사람은 술잔을 주거니 받거니 하며 그동안 살아온 이야기를 나누기 시작했다. 강 노인은 한때 잘나가던 주먹이었는데 다 늙어서 마누라한테 쫓겨나 수년간 집에 못 들어가고 지하상가에서 숙식한다고 했고, 광철은 사는 게 바빠서 결혼은 꿈도 못 꾸고 연애도 제대로 못 해봤다고 했다. 2호실 김 노인은 젊어서 대기업에 근무할 때 필리핀으로 국외출장이 잦았는데, 그때 필리핀 여자와 사귀게 되어 딸을 하나 낳았고, 그 사실이 들통 나 이혼하고 나서, 위자료 등으로 집과 재산을 모두 처분하고 필리핀에서 살다 왔다고 했다.

"그런데 왜 한국에 다시 오셨어요?"

"몇 푼 안 되는 돈을 가져가서 사업했는데 다 털어먹었어. 여기서 돈을 좀 벌어서 또 가려고."

그러자 강 노인이 끼어들어 말했다.

"아니, 다 늙어서 무슨 일로 돈을 벌어?"

"글쎄, 뭐라도 해야지. 필리핀에 있는 딸이 대학을 다니니 뭐라도 해서 학비를 보내줘야 해."

"한국에는 자식들이 없는가?"

"왜 없겠어. 아들, 딸 다 있는데 날 아버지라고 여기지 않아. 내가 인생을 잘못 산 게지. 그래도 날 아버지라고 따르는 놈이 하나 있으니, 내가 그놈 때문에 살지."

날씨가 더워지며 지어진 지 오래된 지하상가에는 악취가 진동하고, 여기저기 빗물도 새고, 벽에는 곰팡이가 유적지의 고분에서 발견된 벽화처럼 피어있었다. 열악한 환경에서도 밝은 세상을 향한 어둠의 도전은 눈물겹다.

7호실에는 중년 부부가 새로 들어왔다. 대형식당을 운영하다가 망해서 많은 빚을 지고 채권자들을 피해서 여기까지 들어왔다고 하는데, 부부가 함께 새벽에 트럭을 타고 나갔다가 밤늦게 들어오는데, 트럭 짐칸에 여러 가지 공구와 청소도구들이 실려 있는 것으로 보아 건설현장을 다니며 일하는 것 같아 보였다. 주변 사람들은 열심히 살아가는 그 중년 부부를 측은하게 생각하면서도 어쩌다가 저런 지경까지 되게 했느냐고 하며 남자를 향하여 한심하다는 투로 혀를 끌끌 찼다.

중국에서 왔다는 5호실 아줌마는 식당에서 일한다고 했고, 그 옆방에는 50대 중반의 친구 사이라는 두 명의 아저씨가 함께 살았는데 매일 새벽에 인력사무소에 나갔다가 일을 받아내지 못하고 그냥 돌아오는 날이 많았다.

광철은 밤낮을 가리지 않고 트럭을 몰고 다니며 폐지와 빈 병, 그리고 고철을 주웠다. 고철값이 많이 내려간 후로 오랫동안 오르지 않아 부지런히 다니지 않으면 일당을 벌기가 어려웠다. 김 노인은 강 노인의 소개로 마트에서 배달하는 일을 하게 되었다. 작은 승합차로 배송을 원하는 손님들의 물건을 배달했는데 승강기가 없는 오래된 저층 아파트의 계단을 오르기가 힘들었지만 70대 노인으로서는 꽤 괜찮은 임금을 받을 수 있는 일이었다. 강 노인은 빗물이 새는 곳을 찾아서 수리해 보지만 임시방편으로 땜질을 하는 정도였고, 악취를 해결해 달라는 입주자들의 요구에 환풍기를 달랑 하나 사다가 달아놓은 게 전부였다.

"이봐, 광철이라고 했나?"

김 노인이 일을 마치고 들어오는 광철을 불러 세웠다.

"네, 어르신."

"부탁이 하나 있는데 좀 들어 주겠나?"

"네, 무슨 일인지 말씀해 보세요."

"필리핀에 있는 딸이 방학 동안에 한국에 와서 지내기로 해서 내일 온다는데, 내가 마트에 얘기했지만, 휴무를 내지 못했네. 그래서 말인데 자네가 나 대신에 공항에 나가 내 딸을 좀 데려와 줄 수 없겠나?"

"네, 그러시군요. 당연히 제가 도와 드려야죠. 내일 몇 시에 도착하죠? 공항에서 만날 장소 알려주시고 사진도 있으면 좀 주세요."

"고맙네. 쪽지에 적어서 사진과 함께 줄 테니 잘 좀 부탁하네. 딸이 한국말을 배워서 의사소통은 될 게야."

김 노인은 딸의 이름과 휴대폰 번호, 비행기 도착시각, 만날 장소를 적은 쪽지를 광철에게 건넸고, 광철은 다음날 일찍 시간에 맞추어 공항을 향해 트럭을 몰고 나갔다. 공항으로 가는 도로는 간간이 차가 밀려 광철의 마음을 초조하게 했다. 그럴 경우를 대비해 조금 일찍 출발했기 때문에 제시간에 공항에 도착할 수 있었고, 김 노인의 딸과 만나기로 한 공항의 고객안내데스크 앞에서 사진을 보며 두리번거렸다. 얼마 지나지 않아 피부색이 거무스레한 외국인이 광철의 앞에 나타났다. 긴 생머리에 입술이 약간 튀어나왔지만 밉지 않은 얼굴이었고 마른 체형을 가진 여자였다.

"마리엘?"

"Yes, I' m Mariel."

"안녕하세요. 저는 김흥수 씨가 보낸 고광철입니다."

"반갑습니다."

마리엘은 한국말로 대답하며 밝은 미소로 광철에게 머리 숙여 인사했다.

"저를 따라오시죠."

광철은 마리엘의 손에서 커다란 여행 가방을 가로채서 끌고 가며 트럭을 주차해 놓은 장소로 마리엘을 안내했다.

"청소를 못 해 차가 좀 지저분합니다. 방향제는 뿌렸지만, 담배 냄새가 좀 날 겁니다."

"지저분?"

"아, 좀 더럽다는 뜻입니다."

광철과 마리엘은 트럭을 타고 올림픽대로를 달리고 있었다. 마리엘은 서울의 모습에 놀라는 듯 좌우로 두리번거리며 탄성을 연발했다.

"한국은 처음이죠?"

"네, 파파의 나라에 꼭 와보고 싶었어요. 창문을 좀 열어주시겠어요? 한국의 바람을 맞고 싶어요."

에어컨을 끄고 창문을 열자 뜨거운 바람이 세차게 들어와 마리엘의 머릿결이 이리저리 휘날리며 향수 냄새가 광철의 코를 자극했다.

지하상가에 도착하자 강 노인이 마리엘을 반겼다.

"필리핀에서 온다고 하던 김 씨 딸이구먼. 듣던 대로 이뿌게도 생겼네. 김 씨가 얼마나 딸 자랑을 하던지."

"안녕하세요."

"김 씨가 얘기해서 내가 빈방을 청소해 놨으니 여기 이 방을 써요. 여기서 젤 크고 좋은 방이여."

"감사합니다."

"김 씨가 오늘 저녁에 밥을 산다니까 광철이 자네 일찍 들어오게."

"네, 어르신."

마리엘은 강 노인의 안내에 따라 11호 방에 짐을 풀었고, 광철은 창고에 있던 선풍기를 꺼내 깨끗이 닦아서 마리엘에게 갖다 주며 불편하거나 필요한 것이 있으면 자기에게 연락하라고 하고 일하러 나갔다.

저녁시간이 되자 김 노인이 다른 날보다 일찍 마트에서 퇴근했다.

"마리엘, 내 딸!"

"파파!"

김 노인과 마리엘이 부둥켜안았다.

"마마는 잘 있지?"

"네, 파파를 보고 싶어 해요."

"그래, 이 파파가 돈 많이 벌어서 빨리 마마한테 가야지. 우리 마리엘, 배고프지? 얼른 밥 먹으러 가야겠구나! 강 사장, 밥 먹으러 가요! 광철이는 아직 안 들어왔나?"

광철이 좀 늦게 일을 마치고 돌아오자, 기다리던 일행은 강 노인이 안내하는 근처 정육식당으로 가서 돼지삼겹살과 소주를 주문했다. 마리엘은 삼겹살을 무척이나 좋아한다고 했다. 광철이 강 노인과 김 노인의 술잔에 소주를 따르고 나서 마리엘에도 권했는데, 마리엘은 소주를 먹어본 적이 있는데 먹기가 힘들었다고 하며 맥주를 먹고 싶다고 했다. 광철은 맥주를 추가로 주문하여 마리엘에게 따라주었다. 마리엘은 배가 많이 고팠는지 밥과 함께 고기가 익기가 무섭게 집어먹었다. 김 노인과 강 노인은 그 모습을 흐뭇하게 지켜보았고 광철은 마리엘의 모습이 무척 귀엽고 예쁘다고 생각했다.

"광철?"

"네, 제 이름이 광철입니다."

"광철 아저씨, 친절해요! 감사합니다."

광철과 마리엘의 대화에 강 노인이 끼어들었다.

"광철이 이 사람이 젊은 사람치고는 부지런히 일도 열심히 하고, 정도 많은 사람이었구먼! 얼굴도 잘생겼고 맘에 쏙 드는 친구여."

강 노인의 말에 김 노인도 거들었다.

"처음엔 담배냄새 때문에 오해했는데 사람은 두고 봐야 안다니께. 젊은 사람이 사업하다가 잘못돼서 이 고생이니 안 됐어. 세상에 사연 없는 사람이 어디 있겠나! 여기 강 사장도 그렇고, 나도 그렇고, 자네는 아직 젊고 부지런하니까 잘 될 거야. 힘을 내게."

"어르신들께서 좋은 말씀을 해주시니 힘이 납니다. 같이 한잔하시죠."

광철이 건배를 제안하자 모두 술잔을 부딪치고 나서 단숨에 잔을 비웠다. 마리엘도 맥주 한 컵을 한 번에 마셨다. 마리엘의 발그레해진 얼굴을 보고 김 노인은 다소 걱정스러운 눈으로 쳐다보았고, 술에 취한 듯 힘이 풀린 광철의 눈에는 마리엘의 모습이 마치 천사처럼 보였다.

"광철? 아저씨? 오빠? 호호호. 잘생긴 오빠."

"우리 딸, 마리엘이 맥주를 많이 마셨네. 그만 일어서지!"

김 노인이 식대를 냈고, 네 사람은 식당을 나와 지하상가로 돌아와 각자 자기 숙소로 돌아갔다.

광철은 늦잠을 잤다. 전날 밤에 술을 먹으면 늦잠을 자는 버릇이 있었다. 지하상가는 조용했다. 방문을 열고 나와 보니 바로 옆 김 노인의 방에 자물쇠가 채워져 있었다. 모두가 일하러 나간 지하상가는 낮에도 어두컴컴한 공간에서 간혹 쥐들만 이리저리 돌아다녔다. 그날따라 지하상가를 홀로 지키던 강 노인도 보이지 않았다. 마리엘이 있는 11호 방의 문이 열렸다. 짧은 반바지와 어깨가 훤히 드러나는 민 소매 티셔츠를 입은 마리엘의 모습이 보였다. 외출하려는지 손가방을 든 마리엘이 광철을 보고 반갑게 인사했다.

"광철? 오빠!"

"어! 오빠? 어디 가려고요?"

"한국 동네는 어떤지 구경하려고요. 같이 갈래요? 오빠!"

"밖에는 꽤 더울 텐데, 괜찮아요?"

"저는 괜찮아요. 한국, 많이 보고 싶어요."

광철은 마리엘을 트럭에 태우고 성남 시내를 한 바퀴 돌고 나서 야탑역 근처에 주차하고 밥을 먹으러 분식점에 들어갔다. 김밥과 떡볶이, 라면도 달라고 했다. 마리엘은 음식을 가리지 않고 뭐든지 잘 먹는 것 같았다. 분식점에서 나와 야탑역 광장을 지나가는데, 학생들이 버스킹을 하는지, 몰려든 군중 속에서 경쾌한 리듬의 음악과 노래가 흘러나왔다. 마리엘이 사람들 틈으로 파고들었다. 마리엘의 몸은 음악에 섞여 흔들거렸고 이따금 소리를 지르기도 했다. 광철은 그런 마리엘의 모습을 보면서 티 없이 맑은 영혼을 가진 여자라고 생각하며, 다음으로는 어디로 안내해야 할지를 궁리하고 있었다.

“놀이공원 갈래요?”

“네, 좋아요.”

“차는 여기에 놓고 전철 타고 가요. 거기에 가면 굉장히 높은 건물도 있는데, 나도 아직 안 가봤어요.”

두 사람은 전철을 타고 잠실역을 향했다. 그곳에 가서 놀이기구를 탔고, 한국에서 제일 높다는 건물에도 올라가 보았다. 그러고 나서 어둠이 깔린 시간에 석촌호수를 거닐었다. 마리엘은 계속 밝은 표정으로 서울의 경관을 보고 탄성을 질러댔다.

“한국, 너무 좋아요. 한국에서 살고 싶어요.”

“마리엘, 이제 가요. 시간이 너무 늦어서 어르신이 걱정하고 계실 거예요.”

두 사람이 지하상가에 도착하니, 김 노인이 출입구 밖으로 나와서 기다리고 있었고, 화가 잔뜩 나 있는 얼굴로 광철을 향해 소리쳤다.

“이놈! 너, 우리 마리엘을 꼬드겨서 이 시간까지 어디서 뭐 하다가 온 거여!”

“파파, 아니에요! 오빠 잘못 없어요.”

“오빠는 무슨 오빠! 내 이놈을…”

김 노인이 광철의 멱살을 잡고 흔들었다. 광철은 김 노인이 흔드는 대로 흔들리며 죄송하다는 말만 되풀이했다.

"이놈 봐라! 지난번에 나한테 대들던 패기는 다 어디로 갔냐?"

"죄송합니다."

광철은 계속해서 죄송하다는 말만 반복했고, 그때 강 노인이 나타나서 두 사람을 떼어 놓으며 말했다.

"광철이가 구경시켜 주느라고 그랬나 본데 뭘 그려! 동네 시끄럽게, 그러지 말고 얼른 들어가."

"너 이놈 우리 딸한테 흑심을 품었다간 내 가만 안 둬."

그 후로 광철은 매일 트럭을 몰고 새벽부터 나가서 밤이 늦도록 일을 하다가 들어왔다. 마리엘은 방 안에서 책을 보는지 밖으로 잘 나오지 않았다.

그리 덥지 않은 화창한 날이었다. 솜사탕같이 흰 구름 아래로 붉은 장미가 만개한 공원에서 광철이 마리엘의 손을 잡고 이리저리 뛰어다녔고, 노랑나비와 흰 나비가 두 사람을 따라다니며 춤을 추듯 날아다녔다. 두 사람은 갑자기 멈춰 서더니 한몸이 되어 입을 맞추었고, 그 주위로 나비 떼가 몰려들어 두 사람을 축복하는 듯했다. 감격에 겨운 광철이 온몸을 부르르 떨다가 잠에서 깨어났다. 꿈이었다. 무더운 여름 밤, 광철은 잠에서 깨어난 후로도 한동안 몸을 떨고 있었다. 무슨 결심이라도 했던 건지, 성남시 안에서

만 일했던 광철이 광주, 이천, 여주 등 경기도의 남부지역을 트럭을 몰고 다니며 여러 날 동안 쉬지 않고 일을 했다. 간밤에는 꿈을 꾸느라 잠까지 설쳐 일찍 일어나지 못하고 잠에 취해 있었다. 방문을 노크하는 소리가 들려 잠에서 깨어났다. 눈을 비비며 방문을 열었다. 마리엘이었다.

"아파요? 밖에 트럭이 있어서…."

"아뇨, 좀 피곤해서요."

"파파 무서워요?"

"아뇨, 왜요?"

"친절한 아저씨, 요즘 아니에요."

"아! 일을 열심히 해서 돈을 벌어야 해요. 그래야 더 친절해질 수 있어요."

"좋은 사람이에요. 오빠."

"밥 먹었어요?"

"아니요."

"가요. 같이 맛있는 거 먹으러 가요."

광철은 마리엘을 데리고 동네를 다니며 마리엘이 좋아할 만한 음식점을 찾기 위해 두리번거리고 있었다. 그때 광철의 전화기에서 벨이 울렸다.

"고광철 씨가 맞나요?"

"네."

"여기는 병원인데요. 김흥수 씨 아시죠?"

"네."

"김흥수 씨와는 어떤 관계이시죠?"

"김흥수 씨는 아는 분인데, 무슨 일로 전화를 했느냐고요?"

"김흥수 씨가 교통사고가 나서 응급실에 계시는데, 보호자를 찾다 보니 그분 휴대폰에 고광철 씨의 전화번호가 있어서 연락드렸습니다."

"네, 보호자 맞아요. 병원 어딥니까?"

교통사고란 말에 깜짝 놀란 광철은 병원의 위치를 물어보고 나서 급히 서둘러 마리엘을 데리고 병원으로 갔다. 응급실로 달려갔더니 김 노인은 응급처치를 마치고 수술실로 옮겨졌다고 했고, 치료를 위해 아직은 면회할 수 없다고 했다. 광철과 마리엘은 대기실에서 초조하게 기다렸고 마리엘은 울음을 그치지 못했다. 광철은 마리엘의 어깨를 토닥여주며 별일 없을 거라고 위로했다.

"김흥수 씨 보호자분!"

"네! 어떠세요?"

"치료는 잘 됐어요. 마취상태라서 시간이 좀 지나면 깨어나실 거예요. 갈비뼈와 머리를 다쳤지만 크게 염려하지 않으셔도 될 것 같아요. 병실로 들어가서 옆에 계셔도 돼요. 절대로 움직이게 하시면 안 되니 주의하시고요."

"네, 고맙습니다."

광철과 마리엘이 김 노인이 있는 병실로 들어갔다. 김 노인은 머리와 가슴에 붕대를 감은 채 의식이 없이 잠들어 있었다. 마리엘은 또다시 터져 나오는 울음을 참느라 입을 손으로 틀어막았다. 광철은 마리엘을 안아주었다.

마리엘은 매일 병원에서 쪽잠을 자며 김 노인 곁을 지켰고, 광철은 수시로 병원을 드나들며 음식과 필요한 물품을 조달했다. 마리엘은 광철이 친오빠처럼 느껴졌다. 광철도 십여 년 전 교통사고로 부모님을 한꺼번에 잃고 나서, 고향을 떠나온 후로 혼자 떠돌며 살면서 한 번도 느껴보지 못했던 가족애를 느꼈다. 김 노인의 상태는 두 사람의 지극정성 때문인지 눈에 띄게 호전되어 갔다.

"광철아!"

"네, 어르신."

"이놈아, 어르신이 뭐여! 부모님도 안 계시다니 이제부터 아버지라고 불러."

"네, 아버님."

"내가 이래 봬도 사람 보는 눈은 있다니까! 광철이 네놈이 처음에 내 멱살을 잡았을 때, 난 네놈의 눈을 보고 알았지, 근본이 선한 놈이라고."

"그때는 정말 죄송했습니다. 용서해 주세요."

"내가 모를 줄 알아? 이놈아! 마리엘이 아니었다면 넌 나한테 계속 대들었을 거라는 걸? 허허허, 광철아! 혹시라도 내가 잘못되기라도 하면 우리 딸 마리엘을 네가 좀 보살펴 주었으면 좋겠다."

"잘못되기는요! 건강하게 오래 사셔서 마리엘 곁을 지켜 주셔야죠."

"내 방에 가면 가방 안에 통장이 하나 있다. 그 돈 찾아서 마리엘에게 주고, 곧 필리핀으로 돌아가야 할 테니 그때까지 나 대신에 잘 좀 보살펴 줘. 그 돈은 우리 딸 시집갈 때 쓰려고 꼭꼭 숨겨놓았던 건데, 마리엘 엄마도 아파서 일을 못 하니 일단 그 돈으로 학비도 하고 생활비로 쓰라고 해. 내가 일어나면 또 일할 수 있을 때까지는 열심히 벌어서 내 마지막 할 일은 하고 가야지."

김 노인의 말을 듣고 있던 광철의 눈시울이 붉어졌다. 잠시 밖에 나갔던 마리엘이 들어오자 광철이 눈가에 고인 눈물을 손등으로 훔쳐냈다.

"오빠, 왜 울어? 또 파파가 그랬어?"

김 노인과 광철이 서로 눈을 마주 보고 웃었다.

광철은 마리엘을 트럭에 태우고 올림픽대로를 달리고 있었다. 마리엘이 필리핀으로 돌아가기 위해 공항을 향해 가는 길이었다.

"오빠, 가기 싫어!"

"싫겠지! 아픈 파파 때문에 그렇겠지만, 필리핀에 엄마도 계시니 그런 말 하지 마."

"아니, 그거 아니고."

"그럼, 뭐?"

"바보!"

"파파는 걱정하지 말고, 가서 학교 잘 다니면서 엄마 돌보고 있어. 파파는 내가 잘 모시면서 돈도 많이 벌 테니."

"내년에 학교 졸업하면 꼭 한국 회사에 취직해서 한국에 와서 살 거야. 마마도 함께 파파랑 살 거야."

"그래, 꼭 그렇게 될 거야."

광철은 공항 주차장에서 마리엘이 탄 비행기가 보이지 않을 때까지 혼자 서서 계속 같은 말로 중얼거렸다.

"그래, 꼭 그렇게 될 거야. 마리엘!"

"그래, 꼭 그렇게 될 거야. 마리엘!"

"그래, 꼭 그렇게 될 거야. 마리엘!" [끝]